METAPHYSIK DER LEERE

AF522759

Fröhliche Wissenschaft 165

Marcus Steinweg

METAPHYSIK DER LEERE

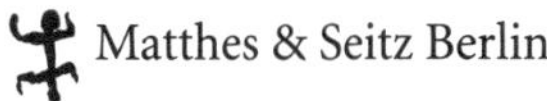

»Die Luft ist ganz leer geworden.«

Henri Michaux

»Denken ist nicht an sich eine Krankheit,
aber es gibt Leute, die davon krank werden.«

Jacques Lacan

Eine Metaphysik der Leere muss mindestens sieben Aspekten der Leere Rechnung tragen:

- Der Leere als infinitem Chaos.
- Der Leere als dem alle Phänomene – jedes Seiende – durchschießenden Atem des Nichts.
- Der Leere als der Wüste der Freiheit in objektiver Unfreiheit.
- Der Leere als der Wunde originärer Inkonsistenz sämtlicher Konsistenzversprechen oder Bedeutungsarchitekturen.
- Der Leere als dem Index des Todes.
- Der Leere als der Indifferenzzone der ontologischen Ebenbürtigkeit von allem, was ist.
- Der Leere als der Gnade des inexistenten Gottes.

INHALT

Erster Teil: Beckett

Zweiter Teil: Von Nichts zu Nichts

ERSTER TEIL: BECKETT

NULL

Was jedes Denken beunruhigt, bis zum Zerreißen anspannt und in die Vernichtung zu treiben droht, ist von der Ordnung der Null. Die Null existiert als Index der Inexistenz. Sie bedroht das Regime der Zahlen, das das der Kommensurabilitäten ist. Die Null ist das Inkommensurable, das über jede Zahl als ihr unwiderruflicher Ruin wacht. Man könnte meinen, sie wäre sehend. Eine Null mit Augen, denen nichts entgeht, die sämtliche Geschehnisse registrieren. Registrieren, protokollieren und archivieren – so mächtig ist die Null! Ihre Präsenz ist nicht von der Ordnung des Präsentischen. Sie markiert das Loch im Präsenzsystem, das wir Wirklichkeit nennen. Auf dieses Loch ist jedes Denken bezogen, das sich nicht im Gegenwärtigen beruhigt. Es lässt sich nicht immer entscheiden, ob das Loch das Unendliche in Gestalt des Endlichen oder das Endliche im Namen des Unendlichen darstellt. Es handelt sich um das Ereignis einer doppelten Durchlöcherung. Die klassische Philosophie hat sie dialektisch zu denken versucht. Die Dynamik ist komplex, sie verläuft in beide Richtungen, vom Endlichen zum

Unendlichen und umgekehrt. Man könnte auch von einer Dialektik von Tod und Leben sprechen, von Absenz und Präsenz, Differenz und Identität. Denken heißt, den Zumutungen dieser Dialektik nicht auszuweichen, sie auszuhalten, ohne dass ein Ende oder Abschluss der dialektischen Bewegung absehbar wäre, ohne Hoffnung auf finales Glück. Samuel Beckett hat seine Figuren wie sein Denken in den Sog einer solchen Dialektik gestellt, ins Chaos, das nicht einmal das Scheitern erlaubt.[1] Die Zeilen aus *Der Namenlose* sind bekannt: »[…] man muß weitermachen, ich kann nicht weitermachen, man muß weitermachen, ich werde also weitermachen, man muß Worte sagen, solange es welche gibt […].«[2] Es ist das »Weiter-« des Weitermachens, in das sich die Null als das Schicksal des Denkens, das heißt der Existenz, bohrt. Die Leere, die in den Leerlauf der Existenz- wie Denkbewegung zwingt. Zum Lachen reizende Leere, die das Subjekt dem Schicksal pathetischer Verzweiflung enthebt. Null und Leere sind von gnadenloser Vollkommenheit. Derart vollkommen, dass sie weder als Gegenstand der Trostlosigkeit noch der Hoffnung taugen. Auch nicht als Gegenstand von irgendetwas dazwischen. Die Null steht nicht am Anfang einer ins Unendliche fortsetzbaren Zahlenreihe, die man als Lebensreise des Subjekts, als mehr oder weniger arbiträre Verkettung seiner ephemeren Abenteuer, interpretieren kann. Leere und Null sind primordial, insofern sie von einer Art absoluter Zukunft aus jedes denkbare Ereignis bedrohen. Allerdings ist diese Bedrohung nicht von der Ordnung des Schrecklichen. Eher verleiht sie allem, was ist, den Glanz einer Notwendigkeit, die mit Heiterkeit koinzidiert, mit der Bejahung der apriorischen Inkonsistenz von Welt und Subjekt. Das Nichts hat sich im Vorhinein des Seins bemächtigt. Da ist kein Raum für Verzweiflung und Protest. Beckett ist der Dichter der Ausweglosigkeit. Doch die Ausweglosigkeit führt nicht zu Betrübnis. Sie stürzt nicht ins Unglück unausgesetzter Klage und Unzufriedenheit. Obwohl sie keinerlei Befriedigung in Aussicht stellt, versetzt sie das Subjekt ins Glück intakter Ohnmacht. Die Null, das Nichts, die Leere zeigen nicht ins Jenseits des Kommenden, das *nicht* zu kommen droht, sie weisen ins Hier und Jetzt transzendenzloser Immanenz, indem sie die Löchrigkeit der Immanenztextur markieren.

JETZT

Die Ausführungen Alain Badious zu Beckett haben die Kraft, durch Klarheit zu verstören. Badiou weist die vulgärexistenzialistische Lesart Becketts als dem Dichter der Verzweiflung und nagenden Ratlosigkeit zurück. Beckett habe nichts mit dem jugendlichen Pathos zwingenden Scheiterns (sei es der Kommunikation, sei es des Lebens) zu tun. Es sei »fatale Neigung« der Jugend, »zu glauben, dass ›die verzweifelten Gesänge die schönsten sind‹«.[3]

Das Verzweiflungspathos wird als hypertropher Narzissmus demaskiert, der sich in der Pose der Verlorenheit gefällt. Es ist klar, dass Beckett zu einer erwachseneren Haltung aufruft. Nie verliert er sich im Kult des Vagen, in schummriger Metaphysik und gequältem Existenzgetue. Bereits Sartres Existenzialismus hat damit nichts gemein. Natürlich geht es nicht darum, irgendeine Dunkelheit durch Helligkeit zu substituieren. Es ist nicht so, dass Optimismus an die Stelle des Pessimismus tritt. Solche Kategorien sind gänzlich unzureichend zur Beschreibung der von Beckett skizzierten Situation. *Worstward Ho / Aufs Schlimmste zu* beginnt mit diesen Zeilen: »On. Say on. Be said on. Somehow on. Till nohow on. Said nohow on.« / »Weiter. Weiter sagen. Gesagt sei weiter. Irgendwie weiter. Bis nirgendwie weiter. Gesagt sei nirgendwie weiter.«[4] Abermals aktiviert Beckett ein »Weiter«, das nicht weiterweiß und dennoch weitermuss. Alle Gewissheiten verfliegen am Ort dieses Müssens. Sämtliche Evidenzen verdunkeln sich. Bis äußerste Klarheit herrscht in Bezug aufs Paradoxe der Lage, das nun in vollem Licht erstrahlt. Erhellt durch einfache Sätze, durch den Verzicht auf Adjektive, durch ein Denken, das sich keinerlei Theorie erlaubt, keinen Allgemeinplatz, kein beschwörendes Wort. Jenseits von Prophetie und Wissenschaft zeichnet Becketts Text das Bild des seinem aporetischen Ort verhafteten Subjekts. Eines Subjekts auf der Bühne seiner undurchdringlichen und in dieser Undurchdringlichkeit transparenten Existenz. Becketts dichterisches Denken inszeniert transparente Intransparenz. Es bestreitet nicht die Notwendigkeit des Scheiterns, aber indem es dem Scheitern den Status der Normalität zuspricht, nimmt es ihm sein Pathos. Vielleicht ist Beckett, in diesem Sinn, der Dichter des Normalen, statt der Ausnahme. Was er als Normalität vorführt, grenzt an Überforderung. Sie ist das Normalste der Welt. Sie betrifft jeden, ohne Ausnahme. Kein Subjekt, das von der Normalität des Scheiterns ausgeschlossen wäre. Keinerlei Ausnahmesubjekt. Nie wird es anders sein. Nie war es anders: »All of old. Nothing else ever« / »Alles seit je. Nie was andres«.[5] Becketts Dichtung reicht an eine Zeitlosigkeit, die sich vom religiös-theologischen Konzept der Ewigkeit dadurch unterscheidet, dass sie ins konkret Lebensweltliche seiner Figuren reicht. Nicht die Endlichkeit oder Sterblichkeit ist die Krux. Das Kreuz, das seine Subjekte tragen, ist dasjenige zeitloser Gegenwart. Sie sind Gefangene des zeitlosen Jetzt. Das Licht der Gegenwart ist unerbittlich. Es nimmt ihnen die Option, sich ins Dunkel irgendeiner Verzweiflung zurückzuziehen. Die Option auf Rückzug bleibt aus. Es gibt weder Vergangenheit noch Zukunft. Auf allem lastet das schwerelose Jetzt.

Der »entschiedene Spinozismus«[6], den Deleuze bei Beckett ausmacht, lässt sich dadurch erklären, dass außerhalb der Leere nichts ist. Becketts Figuren sind derart alternativlos von der Leere durchdrungen, dass man die Stereotype der Verzweiflung nicht auf sie anwenden kann. Indem die Leere den ontologischen Status des Alles erreicht, kommt ihr als affektivem Korrelat der Nichtaffekt ontologischer Indifferenz zu. Indifferenz, die sich als Spiegelung der Gleichgültigkeit des Ganzen erweist. Ihr entspricht ein Hinnehmen, wie es die Ethik des späten Wittgenstein mit dem altchinesischen Denken und gewissen Momenten der antiken Philosophie teilt.[7] Wir werden nicht von Seelenruhe sprechen. Die epikureische ἀταραξία bleibt der Definition des Subjekts als Seelenwesen verpflichtet, wie die stoische ἀπάθεια. Mit ihnen ist die Spezifität der Figuren Becketts – ihre apersonale Singularität – nicht erfasst. Wenn es eine Seele gibt, dann liegt sie nicht im Inneren des Menschen (was soll dieses Innen sein?). Eher überfliegt sie seine Hoffnungen und Erwartungen, als sie konterkarierende Paraphrase. Als Witz und spöttische Chimäre. Im Gestammel der Figuren drückt sich die apriorische Verstümmelung der Seele genannten Lüge aus. Das aber heißt: Es gibt etwas, was die Mensch genannte Katastrophe über sich hinwegreißt. Nicht ins Paradiesische intakter Zustände. Unschuld und Integrität sind für sie keine Option. Der Spinozismus treibt ihnen jede Leidenschaft aus. Sie sind aus ihrem Wesen Verjagte und müssen erkennen: Was sie verloren zu haben glauben, existiert nicht. Ihnen ist nicht einmal der Verlust gegeben. Sie sind des Verlusts verlustig gegangen. Wo kein Verlust ist, verliert sich die Verlorenheit in Fülle. Die Kongruenz von Leere und Fülle zu denken, gehört zu den ersten Aufgaben, die Becketts Dichtung an ihre Rezipienten stellt.

EIN RÜCKHALTLOSER IKONOKLASMUS

Im Text zu Beckett wirft Deleuze diese Gleichung auf: Gott = Nichts, »von dem jedes Ding eine Modifikation ist«.[8] Die Kategorie der Erschöpfung ist zentral. Nichts, was ist oder geschieht, ist oder geschieht getrennt von Gott oder Nichts (*deus sive nihil*). Alles erweist sich als Modus der *einen* Substanz. Substanz nennen wir, was mit dem Nichts zusammenfällt. Die Substanz kann Natur heißen, oder Gott oder Nichts. Man kann auch Leere sagen, Wüste oder Ozean. Jedenfalls handelt es sich um eine Art nicht-negativer Negativität, um den Abgrund des Seins, den, auf seine Weise, auch Heideggers Denken berührt. Berührung des Unberührbaren = Berührung dessen, was sich entzieht. Öffnung aufs präontologische Chaos, das vom Denken die Affirmation einer dunklen Kausalität verlangt. Einer Causa, der keinerlei Verlässlichkeit zugeschrieben werden kann. Eines Lochs, das kaum über Ränder verfügt. Eher handelt es sich um einen gleichermaßen intensiven wie extensiven Strudel. Um ein in sich aus sich heraus kreiselndes Nichts. Auf eine Größe, die ein weiterer Name des Unendlichen ist, des Inkommensurablen, bleibt das Sein des Menschen wie aufs Unbezügliche bezogen. Moment, in dem sich das Denken als Inkonsistenzerfahrung manifestiert, als ins Jenseits, oder besser Abseits, des Seins geschicktes Wissen des Nichtwissbaren, das sich in einer Unzahl mystischer Zeugnisse niederschlägt. Wie also ein Subjekt definieren, das sich von der Substanz emanzipiert, ohne sie verlassen zu können? Einen seine Herkunft aktualisierenden Logos, der kaum mehr als einen infinitesimalen Abstand zu dieser Herkunft artikuliert. Was heißt Denken angesichts dessen, was mir mein Denken nimmt, bevor ich zu denken begonnen habe, um mich der Erfahrung einer Selbstenteignung auszuliefern, die mit meiner Selbsterfahrung auf ununterscheidbare Weise koinzidiert? Erschöpft zu sein, bedeutet, sich angesichts des Gesichtslosen der Maskenhaftigkeit seiner selbst zu vergewissern, ohne der Versuchung der Ohnmachtsanbetung nachzugeben, ohne Leidenspathos, ohne Gefühl überhaupt. Mit Spinoza und Beckett versucht Deleuze, das Denken der Erfahrung dieser Indifferenz zu nähern. Dem neuen Bild des Denkens, das daraus resultiert, entspricht ein rückhaltloser Ikonoklasmus. Deleuze hat seine Praxis als den

Versuch beschrieben, »das Wirkliche außer Kraft zu setzen«.[9] Das nennt er Philosophie.

SCHLEIER

Beckett zögert nicht – im Brief an Axel Kaun vom 9. Juli 1937 – die Allegorie des Schleiers zu reaktivieren. Sein Misstrauen in die Sprache ist absolut. Zumindest in *seine* Sprache, wie er sagt. »Und immer mehr wie ein Schleier kommt mir meine Sprache vor, den man zerreißen muss, um an die dahinter liegenden Dinge (oder das dahinter liegende Nichts) zu kommen. Grammatik und Stil. Mir scheinen sie ebenso hinfällig geworden zu sein wie ein Biedermeier-Badeanzug oder die Unerschütterlichkeit eines Gentlemans.« Es gälte, ein »Loch nach dem andern in ihr zu bohren, bis das Dahinterkauernde, sei es etwas oder nichts, durchzusickern anfängt – ich kann mir für den heutigen Schriftsteller kein höheres Ziel vorstellen.« Joyce gelinge das nicht, bei ihm käme das Verhaftetsein an die Sprache einer »Apotheose des Wortes« gleich, trotz oder wegen der Sprachspielereien. Selbst Gertrude Stein, der Beckett zugutehält, dass bei ihr das »Sprachgewebe« wenigstens »porös geworden« sei, bleibe »ohne Zweifel immer noch in ihr Vehikel verliebt«.[10] Der Traum geht dahin, sich im Medium der Sprache von ihrer Autorität zu befreien. Analog zur längst durch Nietzsche (und andere) infrage gestellten Hinterweltenmetaphysik evoziert Beckett hier noch ein Dahinter. Wo vom Schleier die Rede ist, scheint die Metaphysik intakt. Dennoch kann die Rede vom Schleier und dessen Verbergungsgestus, der gesteigerter Enthüllung zuarbeitet, einer Komplexität Rechnung tragen, die das Enthüllte mit dem Nichts zusammenfallen lässt. Gegenstand von Enthüllung und Verbergung wäre nichts, oder: das hinter der Sprachwand kauernde Nichts. Die personifizierte Null, der Beckett schließlich, wie Dieter Henrich bemerkt, im Sprachgewebe selbst, statt in seinem Dahinter, nachzuspüren beginnt.[11] Es geht darum, der Sprache und ihren Verheißungen nicht zum Opfer zu fallen. Man muss sich von ihr entlieben, was Beckett zufolge eben auch Gertrude Stein nicht gelingt. Die Sprachliebe wird zum Problem. Im Horizont der Überlegungen Becketts ist sie Synonym des Absehens von Null und Nichts. Der »Biedermeier-Badeanzug« und die »Unerschütterlichkeit des Gentlemans« stehen fürs Universum der Rituale und Konventionen, das Lacan das Logos-Universum = die symbolische Ordnung nennt. Es ist die Domäne funktionierender Abläufe, mehr oder minder gelingender Kommunikation. Zone erfolgreicher Verständigung, plappernder Selbst- und Weltvergewisserung, in die Becketts Figuren eingelassen sind. Medium der Wörter und Begriffe, deren Funktion in der Suggestion stabilen Gehalts liegt, in der Beschwörung semantischer Konsistenz. Dahinter: das kauernde Nichts, das Lacan das Reale nennt. An ihm vorbei und derart von ihm gelenkt, wenn auch abgelenkt, konstituiert sich alles Sprechen und Schreiben, das auf Sinn und Bedeutung vertraut.[12] Inmitten des Vertrautheitsuniversums, nicht hinter ihm, kauert oder wartet, mit der Persistenz eines ungebetenen Gasts, das Nichts, das Beckett mit dem Geflüster »der Endmusik oder des Allem zu Grunde liegenden Schweigen«[13] assoziiert. Ans Nichts zu rühren wird Programm von Becketts Schreiben bleiben, sein Leben lang. Es hört nicht auf, Löcher ins Sprachgewebe zu bohren, nicht um ein Dahinter freizulegen, sondern um die Inkonsistenz des Gewebes, das der Textur der Welt entspricht, zu demonstrieren. Dafür muss die Sprache zerrissen werden. Sie muss sich dem ihr impliziten Schweigen öffnen, der Stille, die jedem Wort seine Selbstverständlichkeit nimmt. »Eine Wörterstürmerei im Namen der Schönheit«[14] wird Beckett es nennen. Jener Schönheit, die mit der Feststellung der Indifferenz des Ganzen ineins fällt, mit einer Art Sprachzittern im Namen dessen, was keine Sprache erfasst: keine tiefere Wahrheit, keinerlei positive Metaphysik, sondern nichts als die alles überschwemmende Leere, die mit dem Sein koinzidiert, das sich ums Sprachtheater der sprechenden Tiere, die die Menschen sind, nicht schert.

Man müsste eine Ontologie der Zimmer, Kammern, Kabinette, Zellen bei Kafka, Beckett, Blanchot skizzieren. Eine Topologie des Unmöglichen im Verhältnis zur raumbestimmten Situation der Protagonisten, die sich im Ausweglosen orientieren. Sie wäre Ontotopologie der Freiheit in objektiver Unfreiheit.[15] Ereignistopologie insofern, als dass sie der Unwahrscheinlichkeit im Wahrscheinlichen Rechnung trüge. Topologie des Unvorhersehbaren und Unmöglichen, der Auferstehung und Emergenz. Eine Topologie also, die zwischen Tod und Leben zu vermitteln hätte. Zwischen den Lebenden und Toten wie zwischen den toten Lebenden und den lebenden Toten. Ontothanatobiotopologie, die es sich zur Aufgabe machte, die Orte des realen Aufeinandertreffens inkonsistenter Entitäten zu fixieren, deren Sein mit ihrem Verschwinden zusammenfällt, insofern sie Vektoren ins Unbestimmte sind. Entscheidend an dieser Topologie wäre die Wichtigkeit, die sie der Enge und Ausweglosigkeit zuspricht. Der Topos ist kein weiter Raum. Er ist Ort massiver Begrenzung, beschränkter und einschränkender Raum, Bühne, auf der das Existenztheater, das sich Leben nennt, seine Dringlichkeit durch Raumnot erfährt. Dieter Henrich hat die »immer beengteren Aktionsräume«[16] in Becketts Stücken hervorgehoben. Aus der Beengung beziehen seine Figuren ihre Dramatik. Es ist nicht so, dass sich alles in bedrückender Endlichkeit abspielte. Die Weite des Raums, auch des Zukunftsraums, ist in die Unendlichkeit der Gegenwart des Hier und Jetzt eingeholt. Analog zu Kafka, der seine Protagonisten an der Grenze zum Unendlichen ansiedelt, zum Unendlichen unausgesetzter Mutation wie inkommensurabler Ratlosigkeit, analog auch zu Blanchots aufs infinite Außen geöffneten Akteuren, deren Aktivität sich oft in schlichtem Raumwechsel oder einfacher Schwellenübertretung erschöpft, sind Becketts Agenten solche des Infiniten, das ihre Gegenwart nicht transzendiert, sondern intensiviert, um sie zu Gefangenen des Jetzt zu erklären.

FALLE

Der Zielpunkt des Schreibens ist die Leere, das Chaos, das Nichts. Hier treffen sich Beckett und Blanchot (und hier stoßen sie auf Marguerite Duras[17]). Nur in der Öffnung auf Leere, Chaos oder Nichts, die die Instabilität sämtlicher Selbst- und Weltkonstruktionen indizieren, ist Schreiben mehr als Geschwätz. Beckett lässt im Gerede seiner Protagonisten den Punkt der durch es unerreichbaren Wahrheit aufblitzen. Die Evokation der Wahrheit erfolgt im Medium ihrer Verunmöglichung. Das Gerede ist ihr Negativindex. Es hat die Funktion, vom Nichts abzulenken. Es ist wesenhaft neurotisch, weshalb es sich in Wiederholung ergeht. So schaufelt es sich sein Grab oder legt sich als Schleier übers Loch. Becketts Protagonisten sind nicht davor gefeit, in es hineinzustiefeln. Sie sitzen längst in der Falle. Es braucht dafür keinen bösen Gott. Das Subjekt kennt nichts als die Verstrickung. Es strampelt in seinen Erwartungen wie ein verwundetes Tier.

FORMSPRENGUNG

Was man das Abenteuer der Moderne nennt, artikuliert sich als Formsprengung im Medium der Form. Beckett ist exemplarisch hierfür. Adorno hat es erkannt. In seinem *Versuch, das Endspiel zu verstehen* kommt er, wie in seiner ästhetischen Theorie insgesamt, auf den aporetischen Charakter dieser Sprengung zu sprechen: »Die Explosion des metaphysischen Sinnes, der allein die Einheit des ästhetischen Sinnzusammenhangs garantierte, läßt diesen mit einer Notwendigkeit und Strenge zerbröckeln, die der des überlieferten dramaturgischen Formkanons nicht nachsteht.«[18] Die Sprengung »transzendente[r] Sinnhaftigkeit« ist Sprengung der ihr kompatiblen Form, des Konsistenz- und Kohärenzversprechens, das ihr zugrunde liegt. Mit der Formsprengung geht der Sinnzusammenhang verloren. Dennoch generiert die Sprengung einen ihr adäquaten Sinn sowie eine ihr adäquate Form, und seien es Sinn- und Formlosigkeit qua Sinn und Form. Adorno wirft in Bezug auf Beckett ein jedem künstlerischen Experiment inhärentes Dilemma auf. Becketts Reduktionen, seine Subtraktionen im Medium der Sprache, mögen die Sprache an ihre Grenzen treiben, sie dem Verstummen nähern und endgültigem Schweigen exponieren, doch tun sie es mit der Insistenz auf der Notwendigkeit dieses Tuns, was ihnen ihre Strenge verleiht. Notwendigkeit und Strenge werden zu Merkmalen postmetaphysischer Literatur, die um die Unmöglichkeit finaler Sprachlosigkeit weiß. Es geht darum, dennoch zu schreiben und zu sprechen. Alles entscheidet sich an diesem Dennoch, das das sprechende Tier aus seiner Animalitas reißt. Es selbst verjagt sich aus seinem Loch. Deshalb die unwiderstehliche Komik seiner Sprechakte. Da spricht jemand seine Sprachlosigkeit aus, um das Unterfangen solcher Aussprache in seiner Hilflosigkeit zu demonstrieren. Im Sprechen findet seine Aushöhlung statt. Deshalb muss gesprochen werden. Im Leerlauf der ihrer Ohnmacht exponierten Sprache rührt das Subjekt ans ihm inhärente Nichts. Es rührt an die Leere des Sinns, an die Inkonsistenz sämtlicher metaphysischer Versprechen, die zum Lachen reizende Versuche sind, Sinn im Herzen des Nichtsinns zu installieren. Fast könnte man von Mitleid sprechen, oder von ästhetischer Empathie. Becketts Sprachsprengungen sind Ausdruck rücksichtsloser Sprachliebe (obwohl er solcher Liebe misstraut). Da nimmt jemand die Sprache bis über die Grenze ihres Verlusts, ihrer Inkohärenz und mangelnden Sinnhaftigkeit hinweg ernst. Wie jedes Ernstnehmen ist auch dieses nicht frei von Humor. Becketts Humor ist gnadenlos. Er schreckt nicht vor der Bejahung des Unmöglichen als tragikomischer Geste zurück.[19] Der metaphysische Sinn wird nicht verabschiedet, seine Resistenz wird im Akt seiner Sprengung demonstriert. Was übrig bleibt, ist nicht der alte Sinn, auch kein neuer. Beckett bewegt sich nicht in solchen Vereinfachungen. Das Resultat der Sprengung ist das Zittern der Sprache am Limes ihrer Unmöglichkeit. Kaum meint man, nun setze das Schweigen ein, die Sprache sei tot, überfällt sie einen von Neuem, mit Witz und Klamauk. Die Metaphysizität der Sprache kongruiert mit ihrer Materialität und Funktion. Ob es das nicht totzukriegende Begehren ist, das Badiou bei Beckett ausmacht, oder der Umstand, dass noch der geringste Sprechakt, das dürftigste Wort und der vergeblichste Satz Ausdruck der Resistenz des Organischen gegenüber dem Anorganischen ist, dem es sich zugleich assimiliert. Adorno spricht von »Konstruktion des Sinnlosen« und »organisierter Sinnlosigkeit«[20]. Das Chaos interveniert im Sinnspektrum. Es macht sich durch Unversöhnlichkeit mit sämtlichen Versöhnungsversprechen bemerkbar. Entscheidend ist, dass es interveniert, dass die Explosion stattfindet, dass sie unaufhaltsam ist. Genau genommen findet sie immer schon statt. Derrida würde von der Selbstdekonstruktion der Sprache und Metaphysik sprechen.[21] Deshalb gelingt kein einfacher Ausstieg aus ihnen. Bloße Überwindung ist keine Option. Mit Heidegger könnte man von Verwindung sprechen, gesetzt, man nimmt das Wort im Plural. Becketts Sprachexzesse sind Verwindungen inmitten des Konsistenztheaters, das aus jeder Sprachkultur einen Verblendungszusammenhang macht. Im Herzen der Konsistenz die ihr vorausgehende und sie bleibend heimsuchende Inkonsistenz auszumachen, bedeutet, sich aufs Konsistenzspiel einzulassen, um es schließlich, wenn auch nie abschließend (final und triumphal), zu demontieren. Becketts Sprachdemontagen operieren parasitär. Sie fressen sich durchs Fleisch der Sprache, um sie ihrer Kümmerlichkeit zu exponieren. Dazu gehört mehr als »Nihilismus«. Dazu gehört Humor.

HUMOR

Was Adorno nicht wahrhaben will, ist Becketts lachender Ernst. Er glaubt ihn mit der »Ontologie, als dem Entwurf eines wie immer auch Ersten und Bleibenden« zugunsten des »Dramas« entkräftet, das er in einfacher »Opposition« zu ihr konstruiert, als hätten ihn die guten Geister der Dialektik verlassen (oder, anders gewendet: als sei Ontologie nicht seit ihren vorplatonischen Anfängen konfliktorientiert = dramatisch). Wie so oft geht Adorno unters eigene Niveau – ohne gänzlich falschzuliegen, denn tatsächlich gibt es für seine

Kardinalverwerfung von Heideggers Ontologie als angeblich *identifizierendem Denken*[22], wie es die *Negative Dialektik* (1966) ausführt, mehr als einen Grund – solange es ihm hilft, sich den selbstgegebenen dialektischen Imperativen (sie fordern andauernde Komplizierung der Lage, Affirmation des aporetischen Charakters jeglicher Opposition oder Binarität) zu entziehen. An Beckett überzeugt, dass er im Sinne solcher Affirmation dialektischer als Adorno ist, sofern er – während seine Texte nicht aufhören, das ontologische Drama von Sein und Nichts zu reinszenieren – im Interferenzraum von Ernst und Unernst, also im Raum ihrer strikten Kompossibilität, operiert. Noch die Parodie der Ontologie bzw. Philosophie (das Stellen der alten/großen Fragen, das nur komödiantisch ausfallen kann und daher tragisch oder clownesk[23]) will parodiert werden. Becketts Texte durchlöchern nicht nur den Boden, auf dem sie stehen, sie zersetzen auch das Ideologem bodenloser Ironie, das nicht weniger protektionistisch ausfällt. Das zwangsläufig Widerspruch erregende Syntagma vom lachenden Ernst hebt das Dürftige der üblichen Selbstausbremsung des Denkens in ironischem Autoprotektionismus hervor. Liest man Becketts Briefe, sticht, wo er über sich zu lachen beginnt, sein Existenzpathos ins Auge. Souverän lacht, wer durchs Lachen bereit ist, seine Souveränität zu verlieren. Rettungslos ist bei Beckett noch sein Humor. Eben indem er es tut, dekonstruiert er nicht schlicht den »existentialistischen Jargon«.[24] Da ist keinerlei überprüfbarer Abstand. Analog zu Derridas Dekonstruktion als parasitärer Praxis (als Dekonstruktion von innen) destabilisiert Becketts Text sich selbst, während er sich der eigenen Ideologizität anvertraut. So brillant Adornos Beckett-Lektüre ist, so entschieden fällt sie hinter ihren Anspruch zurück. Oft hat man Adornos Mangel an Humor betont. Becketts Humor schlägt Adornos Humorlosigkeit, indem er sein ungeschütztes Eintauchen ins toxische Element affirmiert. Was für Heiner Müllers Theater gilt, gilt auch für dasjenige Becketts: Unschuld (Humorlosigkeit) ist für es keine Option.

WAS MICH BEI KAFKA BERÜHRTE …

Die Frage der Form impliziert die nach ihrer Erschütterung. Jeder Autor ist sich dessen bewusst. Schreiben bedeutet, in die Formerschütterung einzuwilligen, bei gleichzeitiger Resistenz gegenüber psychotischem Formverlust. Die Form muss geprüft werden. Das Schreiben stellt sie zur Disposition. Es tut es nicht, um sie aufzugeben. Eher geht es um ihre Redefinition. So wie Marguerite Duras ihr Schreiben der Erfahrung des Wahnsinns nähert, treibt Beckett die Sprache der ihr inhärenten Leere zu. Als triebe er die Wörter an den Rand ihrer Nichtigkeit. Oft weist der Text – nicht immer sichtbare – Leerstellen auf, vergleichbar den Blancs Mallarmés. Mit dem Weiß bricht die Leere hervor. Das Schwarz des Textes erfährt durch sie eine es kompromittierende Heimsuchung. Als breite sich weißer Nebel über jeglichen Sinn. Manchmal ist es das Stocken des Dialogs, die Ratlosigkeit sich verhaspelnder Stimmen auf der Suche nach einer Kontinuität und Konsistenz der Bedeutung, die ewig auf sich warten lässt. Beckett schreibt im Brief vom 17. Januar 1962 an Ruby Cohn: »Was mich bei Kafka seltsam berührte, war, daß die Form von dem Erleben, das sie transportiert, nicht erschüttert wird.«[25] Vielleicht irrt er hier, vielleicht dokumentiert Kafkas Schreiben nichts als solche Erschütterung. Doch tut sie es im Medium der Form. Im Medium eines Schreibens, das äußerste Klarheit von sich verlangt. Extreme Präzision und Unbestechlichkeit angesichts der dunklen Kräfte, denen es sich exponiert. Angesichts des namenlosen Chaos, das jeden seiner Sätze zu zersetzen droht. Die Kompaktheit vieler Prosastücke Kafkas manifestiert Formbehauptung durch Formerschütterung. Seine Erzählungen gewähren dem Formlosen Asyl. Daher ihre Stringenz, deshalb Kafkas Formwille: des Formlosen halber, das ihn ermöglicht wie bedroht.

ENDSPIEL

Wogegen Adorno mit Beckett aufsteht, ist die falsche Tiefe, die den blindesten Affekt dem geringsten Gedanken vorzieht. Beckett zeige auf die durch Nichtidentität durchkreuzte Identität des Subjekts. Da ist nichts als ein zweibeiniger Seelenstummel. Menschlich an ihm ist nicht sein mit Narzissmus koinzidierender Humanismus oder Sentimentalismus. Will man den Menschen menschlich nennen, muss seine Menschlichkeit in der Resistenz gegenüber dem Seelenkitsch liegen. Das Stummelsubjekt, das Becketts Bühnenpersonal darstellt, exemplifiziert das durch den Kapitalismus (»die Welt, in der wir leben«, wie Adorno in einer Fernsehsendung sagt) deformierte Menschlein, das kaum über die Instrumente verfügt, seine Deformation zu registrieren. Von der »Seele« bleibe die »inhumane Sentimentalität«[26] als Gipfel der Dummheit, die sich gut dünkt, während sie sich den geringsten Gedanken verbietet, ohne ahnen zu können, dass sie es tut. Adornos Beckett-Deutung will keine Deutung sein. Sie setzt beim Undeutbaren an. Statt Beckett zu deuten, als hätten Innerlichkeits- und Tiefenmetaphysik in seinem Werk überlebt, insistiert Adorno auf dessen unausdeutbarer Transparenz. Als würde ein Zuviel an Licht dem metaphysischen Bedeutungsfuror ein Ende bereiten. In *Endspiel* heißt es: »Wir sind doch nicht im Begriff, etwas zu … zu … bedeuten?« / »Bedeuten? Wir, etwas bedeuten? Das ist ein Witz!«[27]

SCHEISSPLANET

Am 24. Mai 1966 schreibt Beckett an seinen Freund und Übersetzer Robert Pinget, dass es beim Schreiben nicht ums Resultat gehe. Man schreibe, »weil das die einzige Möglichkeit ist, es auf diesem Scheißplaneten auszuhalten«.[28] Das Statement wirft ein Licht auf Becketts gesamte Produktion. Schreiben ist ein Existenzakt, dessen Unabschließbarkeit das Leben im Modus des Weiterlebens bezeugt. Immer wieder dieses Weiter. Nichts legitimiert das Schreiben als das Schreiben selbst. Mit seinen Resultaten ist es in die Dynamik des Weiter gerissen. Durchs Weitermachen kommt das Leben auf dem Scheißplaneten zu seinem Recht (zum ungeschriebenen Recht des Schreibenden, der ans Schreiben nicht mehr als die Erwartung seiner Fortsetzbarkeit knüpft). Solange Leben heißt, weiterzuleben, sein Leben zu überleben, bedeutet Schreiben, auf der Fortsetzung der Schreibbewegung zu beharren.[29] Ohne auf ein Urteil zu hoffen, ohne Hoffnung überhaupt, außer derjenigen, die Beckett an seinen Schriftstellerfreund richtet, dem er versichert, er hoffe, dass er weiterschreiben wird.

WEITER

Noch das erwartungslose Warten – sofern es existiert – kommt nicht ohne das Versprechen eines gewissen Kommens aus. Maurice Blanchot und Jacques Derrida haben dieses im Kommen bleibende Kommen thematisiert: das *avenir*, die Zukunft, die nicht kommt, oder nur kommt, indem sie im Kommen bleibt, unendlich aufgeschoben, sodass sie jede Erwartung ins Leere laufen lässt.[30] Im äußersten »Punkt des Wartens, wo das, worauf man warten könnte, schon längst nur noch dazu dient, das Warten nicht enden zu lassen«[31], kreuzen sich Ewigkeit und Augenblick, weshalb Blanchot von diesem Augenblick sagen kann, dass er »vielleicht der letzte, vielleicht der unendliche ist«.[32] Jedenfalls kommen in ihm Präsenz und Absenz, Sein und Nichts auf eine unentscheidbare Art überein. Becketts Schreiben hält sich auf der Linie dieser Unentscheidbarkeit. Der Appell, »weiter zu machen«, meint dies: dass nichts erreicht ist, alles im Kommen bleibt, in unendlicher Schwebe, die reine Gegenwart ist, so rein, dass sie Vergangenheit und Zukunft löscht. In dieser Gegenwart ohne Zukunft und ohne Vergangenheit rührt sich etwas, im Modus ächzender Vergeblichkeit und strampelnder Insistenz, etwas, das ohne Hoffnung auf einen Advent (es muss kein Heiland sein, dessen Kommen erwartet wird) nicht auszukommen scheint: Das ist der Mensch. Becketts spezifischer Humanismus nimmt nichts als dieses Strampeln ernst, das den ersten Bewegungen des Säuglings gleicht, der gehen will, obwohl er es nicht kann. Immer wieder wird Beckett seine Briefe mit dem impliziten Verweis auf diese Strampelbewegung schließen, indem er – nicht nur in den letzten Sendungen – das Schwinden seiner Kräfte betont, um zu bekräftigen, dass er nicht helfen könne (worum immer es auch geht) – wie in der Nachricht vom 19. November 1989 an Michael Kuball, der eine Verfilmung von *Murphy* plant –, während er dazu ermutigt, alleine »weiter«[33] zu machen oder »weiter« zu gehen, wie er es selbst versuchte, sein Leben lang.

ACHSELZUCKEN

Dass der Existenzialismus seine Parodie impliziert, heißt, dass keine Parodie ohne Existenzpathos auskommt, so wie es keine postdramatische Geste gibt, die nicht ihre eigene Dramatik generiert. Becketts Theater ist weder der dramatisch-existenziellen noch der postdramatisch-parodistischen Linie zuzuschlagen. Es bewegt sich in der Interferenzzone beider Ordnungen, indem es sie aufspannt und schließt. Der Unentscheidbarkeitsraum zwischen Ernst und Spaß, Arbeit und Spiel, Tragödie und Komödie ist die Normalität, wie sie sich dem Subjekt als Überforderung darstellt. Beckett ist der Dichter des Normalen, dessen Dramatik keine Dramatisierung zulässt. Sie ist Ausdruck des Vertrauens ins Spektakelhafte, das ohne Zirkus auskommt. Noch wenn sie mit der des Theaters kongruiert, ist die Bühne jenseits der Bühne. Das Theater soll weder zum

Lachen noch zum Nachdenken reizen. Solange man Kommunikation nicht mit Verständigung verwechselt, wie es Theorien kommunikativen Handelns tun, exemplifizieren die Dialoge, statt ihr Scheitern, gelingende Kommunikation. Weil Verständigung ins Leere läuft, da die in den Verständigungsprozess involvierten Subjekte auf dem Boden einer primordial durchlöcherten Sprache kommunizieren, ist Kommunikation ebenso notwendig wie möglich, ohne dass sich durch sie geteilter Sinn konstituierte, geschlossene Bedeutung, reale Gegenwart. Als Bedingung der Möglichkeit von Kommunikation erweist sich der Riss im Sinn- und Bedeutungskontinuum. Er eröffnet erst den Raum der Kommunikation. Adorno meint, bei Beckett ein Achselzucken zu registrieren.[34] Was drückt es anderes aus als Affirmation im Sinne eines *es ist, wie es ist*? Becketts Achselzucken kommt der Parodie der realen Verhältnisse nah, indem es ihre unspektakuläre Normalität bezeugt, weshalb es schließlich alles Parodistische eliminiert. Es reicht nicht aus, zu wiederholen, dass Beckett sich weigerte, seine Stücke zu kommentieren, dass er sich der Theoretisierung, der philosophischen Hypostase sperrte etc. Eine solche mit routiniertem Antiintellektualismus kokettierende Geste geht Beckett, ohne es zu ahnen, auf den Leim. Becketts Theater ist pure Philosophie. Es hat den Reinheitsgrad eines transzendentalen Apriorismus oder Immanentismus, der dem antiphilosophischen Ressentiment ein Dorn im Auge ist.

Das Subtraktionsverfahren skelettiert Wirklichkeit auf Sprache, Sprache auf Wirklichkeit herunter. Das Skelett ist die Substanz, nicht das Fleisch, das es verbirgt. Becketts Transzendentaldramaturgie zeigt ins Leere des Substanzbegriffs, indem sie den Leerlauf des diese Leere kaschierenden Verständigungstheaters demonstriert. Hier wird weder Philosophie noch der gesunde (das heißt dümmliche) Menschenverstand parodiert. Was Becketts Theater vorführt, ist sein Achselzucken angesichts der Unmöglichkeit, zwischen Substanz und Leere zu differenzieren. Ob es sich um die Leere des doxologischen Geplappers oder um die des metaphysischen Diskurses handelt: Durch beide spricht die Wahrheit der wahrheitslosen Substanz, die dem kritischen Bewusstsein die Option der kritischen Abstandnahme vom angeblich Durchschauten nimmt.

AUSGETRÄUMT?

Kein Wunder, dass Nancy Beckett zitiert: »Ausgeträumt träumen«.[35] Eben darum handelt es sich – ums Wunder. Weiterzuträumen, nachdem alle Träume verflogen sind. Ausgeflogen. Um Platz zu schaffen für die Träume, die wir die *eigentlichen* zu nennen uns hüten. Ausgeträumt träumen heißt weiterzuträumen, unter anderen Vorzeichen, in traumloser Gegenwart. Im Horizont der Inexistenz Gottes lässt sich träumen – jenseits der Träumerei. Jenseits der Nacht und jenseits des Tages. Im Weißschwarz, das kein Schwarzweiß ist. Kein Schwarz oder Weiß vor allem. Im Zwischenreich zwischen Tod und Leben, Absenz und Präsenz, das der Raum des Weiter ist. Eines Weiter, das, statt unendlich weit zu reichen, die Zone des Hier und Jetzt durchmisst, ohne auf Ziel und Ankunft zu vertrauen. Dennoch ein vertrauensvolles Weiter, das sich vom Immerweiter der schlechten Unendlichkeit durch punktuelle Intensität anstatt durch temporale Extension unterscheidet. Unendlich weiter, hier und jetzt. Als lernte das Subjekt, so auf der Stelle zu treten, dass sein Ort unter seinen Füßen wächst. Wüste unter den Füßen, wachsendes Nichts inkommensurabler Gegenwart. Ausgeträumt träumen heißt der Wüste beim Wachsen zusehen. Ihr mit der Kraft des Träumens assistieren. Es ist nicht die die Erde verlassende Imaginatio, der kaum mehr als Flucht aus der Gegenwart gelingt, die Beckett evoziert. Das transimaginative wie transimaginäre Weiterträumen intensiviert den Kontakt zum Traumboden, wie es die Tänzerin mit der Spitze ihrer Füße tut. Die Pirouette löst den Tanzenden nicht von seinem Grund. Sie minimiert dessen Berührung, indem sie sie in der Fußspitze konzentriert, um alle Energie in ihr zusammenlaufen zu lassen. Ein pirouettenhaftes Träumen, das Löcher in die Matrix bohrt, ins Sprachgewebe, in die Immanenz. Immanenzträume, die keine Transzendenz generieren oder nichts als Löcher, die die Immanenz an der Schließung hindern, da alles, was zählt und deshalb von der Ordnung des Unzählbaren ist, durch sie hindurchströmt: das Nichts, das aber heißt: Wahrheit, Freiheit, Gerechtigkeit, Liebe. »Nirgends eine Spur von Leben, sagt ihr, hm, daran soll's nicht liegen, noch nicht ausgeträumt, doch, gut, ausgeträumt träumen.«[36]

SPRUNG

Das Subjekt bewegt sich in der Twighlight Zone, die sein Lebensraum ist. In sie ragt die Leere, die einen Aufruf zum Verstummen impliziert. Diesem Verstummen widersetzt es sich, ohne den Aufruf ignorieren zu können. Das Dilemma ist klar: Wie sprechen im Verhältnis zum Mandat der Sprachlosigkeit angesichts der es durchschießenden Leere, die das Subjekt in sich trägt wie eine Totgeburt, die nicht nur in ihm verbleibt, nicht abgestoßen werden kann, sondern den eigentlichen Kern, das Zentrum, seiner Subjektivität ausmacht – als eine Art Doppelgänger, der sich als sein Selbst erweist? Durch das sprechende Tier spricht sein primordialer Tod hindurch, mit der Insistenz und Unabweisbarkeit, die dem Tod eignet, insofern er, statt bloß die äußere Grenze des Lebens zu markieren, dessen Motor ist. Nichts im Leben des Einzelnen erreicht den Status des Unendlichen als die Endlichkeit selbst. Ihre Übergriffigkeit auf alle Lebensäußerungen des Subjekts ist absolut. Sein Lebensraum erweist sich als Raum dieser infiniten Finität, weshalb er von ihrem unmenschlichen Atem durchzogen bleibt, vom Todeshauch der unendlichen Leere, die das Subjekt mit seinem primordialen Gestorbensein koinzidieren lässt, mit der einfachen Tatsache, dass sein Leben nichts gegen den Tod vermag. Sein Sprechen plappert deshalb gegen ihn an. Jeder Laut, den es erzeugt, zeugt von ihm. Noch die geringste Anstrengung, sich ihm zu widersetzen, bekräftigt seine Macht. Der Lebensraum ist Sterberaum eines Selbst, dem nicht mehr als die Affirmation seiner Selbstlosigkeit gelingt. Auf die Spur des Todes gesetzt entgleist dieses Subjekt kaum. Es hält sich mit erschreckender Konsequenz an die ihm vorgezeichnete Linie, die es, wohin immer sie führen mag, ins Nichts geleitet. Dorthin, wo es immer schon war. Nichts passiert. Oder: Alles, was passiert, ist schon passiert. Nichts Neues unter der Sonne, unter der sich dennoch – dies ist genau genommen das einzig Mögliche – von einem Außen träumen lässt, in das man durch irgendein Fenster springend gelangen könnte. Beckett zeigt, dass dieses Außen, auf das sämtliche Fluchtreflexe des sprechenden Tiers ausgerichtet sind, nicht existiert. Weshalb der Sprung nicht gelingen kann, nicht einmal im Traum. (Dass die Welt nur durchs Besteigen einer Leiter, wenn nicht erreichbar, zumindest einsehbar ist, wie Becketts *Endspiel* vorführt, heißt nicht, dass sie da draußen wäre, ohne längst hier zu sein, in den Erwartungen der aus ihr ausgeschlossenen Figuren, die die Menschen sind. Es handelt sich um eine Grenze, die das Innen mit dem Außen verbindet, indem es sie trennt. Nur gelingt diese Trennung genauso wenig wie die Verbindung. Eng wird's, wenn es keinen Engpass mehr gibt, keine Grenze, wenn der Horizont sich auflöst und die Ebene sich ins Uferlose erstreckt).

NICHTS IM NICHTS

Wenn das Cogito sich auf sich zurückgeworfen findet – in der Nacht, die sein Leben ist, einer Nacht, die hell zu nennen Beckett nicht zögern würde, trotz ihrer Schwärze, einer Nacht, die durchsichtig bis unsichtbar, derart transparent ist, dass sie als solche nicht mehr wahrnehmbar ist, die »undurchdringliche Leere«[37], von der das Ich in *Der Namenlose* spricht, im Verhältnis zu der es jede Verhältnismäßigkeit einbüßt, sodass seine Welt auf ein Nichts einschrumpft –, dann verliert es sich nicht einfach, um sich mit apodiktischer Gewissheit zu verfehlen, sondern es findet sich: genau hier, in der Leere, die es als seine Wahrheit heimsucht, in vollendeter Adäquation. Das Denken des Cogito bleibt allerdings fraglich, es ist nicht ganz auszumachen, was im Verhältnis zum Unverhältnismäßigen noch Denken heißen kann. Zweifellos handelt es sich nicht mehr um eine noetische Operation, die sich von Evidenz zu Evidenz hangelt, wie ein Affe an künstlichen Lianen im Zoo. Weit eher als kollektive Vertrautheiten stellen Nacht und Leere den Einbruch des Unvertrauten ins Vertraute dar. Das Subjekt kontrahiert sich angesichts des Inkommensurablen, es schließt sich mit seiner Wahrheit kurz, die Synonym des Nichts ist, ontologischer Inkonsistenz. Adorno spricht von Nichtidentität, wie man weiß, Heidegger vom Unheimlichen. Im Herzen des Subjekts ohne Subjektivität wartet etwas derart Monströses, dass jedes Denken, das sich auf es bezieht, unmittelbar zu zerfallen droht. Im Moment radikaler Vereinzelung erfährt sich das namenlose Selbst als Kontingenzpartikel in uferloser Leere, Nichts im Nichts, blindes Energiequantum im Materiestrom, der als solcher nicht mehr wahrgenommen wird: »Es gibt nichts als mich, von dem ich nichts weiß, es sei denn, daß ich nie von ihm gesprochen habe, und dieses Schwarz, von dem ich auch nichts weiß, es sei denn, daß es schwarz ist, und leer. Das also ist es, von dem ich, sprechen müssend, sprechen werde, bis ich nicht mehr zu sprechen brauche.«[38] Bis also die Leere das Wort ergreift.

SUBJEKT OHNE SUBJEKTIVITÄT

Dass das Denken in der Nacht des zerfallenden Cogito – verstanden als Existenzmut eines Selbst, das sich nicht kennt – erwacht, heißt, dass Existenzdenken nur in der Öffnung aufs Unmögliche möglich sein kann, auf die Summe aller Hindernisse, die es stören. Badious Beckett-Deutung kulminiert in der Feststellung unbeugsamer Resistenz, deren affirmativer Charakter das Subjekt der Negativität entreißt. Das nicht totzukriegende Begehren ist das Begehren *tout court*. In Lacans psychoanalytischer Ethik drückt es die Forderung aus, seinen Kurs ins Ungewisse zu halten, nicht von sich abzulassen, insistent zu sein, wie es Antigone Kreon gegenüber ist. Es geht um Subjektkonstitution im Element ihrer Unwahrscheinlichkeit. Im gierigen Zittern, das Becketts Figuren ausmacht, in ihrer im Horizont der Inexistenz Gottes flirrenden Bühnenpräsenz, die einem Wanken genauso gleicht wie einem Sichaufbäumen, einer Gebärde, die Widerstand mit schwindender Zuversicht vereint, skizzieren sich die Umrisse eines Subjekts ohne Subjektivität. Ohne Subjektivität heißt: ohne präskribierten Sinn, ohne stabile Natur, ohne gegebenes Telos, ohne Substanz und Wesen, ohne Gott. Nichts an ihnen und nichts an der Welt, die sie bevölkern, ist absurd. Im Gegenteil. Becketts Bühnen mit ihren festgelegten Lichtverhältnissen umreißen wie auf einem Reißbrett den Schauplatz bloßer Humanität. Es geht nicht um Moral, auch nicht um Ethik. Was Beckett langweilt, ist der ausgedünnte Begriff des Politischen, wie er Brechts Theater beherrscht. Pädagogik ist ihm fremd. Worauf Beckett zielt, ist die Grundlage ethisch-moralischer sowie politischer Anstrengungen:

das komische wie irritierende Seinstheater, das sich noch nicht *Gesellschaft* nennt, auch nicht *Gemeinschaft*, das namenlos ist und namenlos bleibt angesichts der Motorik der Dinge, die sich in ihm abspielen, ohne dass man über die Option verfügte, ihre Stumpfheit kritisch zu neutralisieren. Sie markiert das Wesen der Lebensdynamik des nur halb aus seiner Animalitas geplumpsten menschlichen Tiers. Seine Sprache ist Rudiment einer Vergangenheit, die ins Märchenhafte reicht. Die Märchen sind zu Ende. An ihrem Ausgang empfängt das Subjekt das Helldunkel einer sich endlos erstreckenden Ebene, deren Unendlichkeit im Theater durch klare Umgrenzungen Rechnung getragen wird. An der Grenze zerfällt nicht die Unendlichkeit, an ihr bricht die Endlichkeit des Subjekts entzwei. Angesichts der sich perpetuierenden Entzweiung bäumt es sich auf. Es sucht sich einen Käfig. Was soll es im Unendlichen? Der infinite Kosmos erweist sich als akosmischer Raum. Als Katastrophenlandschaft, der es nur widerwillig angehört. Dennoch kann es nicht zurück. Auch Becketts Figuren sind aus dem Paradies gestürzt. Nicht ins Wissen, aber in die Ahnung seiner Unhintergehbarkeit.

LEKTION

Soll man von »Becketts Lektion« sprechen, wie Badiou es tut – indem er sie vom Stereotyp existenzieller Verzweiflung wie demjenigen fortlaufender Parodie solcher Verzweiflung befreit, um zu behaupten, dass sie sich »auf das Maß, die Genauigkeit und den Mut«[39] beziehe? In Wahrheit sind dies falsche Oppositionen, deren Formalisierung den Vorteil klarer Distinktionen durch den Text verletzende Vereinfachungen erkauft. In gewissem Maße sind sie unvermeidbar. So präzise Becketts Prosa auftritt, so hoch ist ihre Bereitschaft, Interferenzzonen zwischen diesen Registern zu eröffnen, in denen der Lesende sich wie in einem Geisterreich bewegt. Das ist der Wert literarischer Genauigkeit: Sie arbeitet nicht Bilanzen zu, fungiert nicht als eine Art von Buchhaltung. Nur durch die Sprengung der Sinnökonomie, durch die Suspension der von ihr verwalteten Diktate und Regeln, gewinnt Becketts Schreiben seine Autorität. Es geht nicht ohne Maß, Genauigkeit und Mut, weil dieses Schreiben sich dem Exzess des Sinns, der Unschärfe des Wirklichen, also der entmutigenden Erfahrung einer Freiheit exponiert, die in die Verzweiflung und in die Flucht vor ihr zu treiben droht. Im Beckett'schen *Weiter* verliert sich das Subjekt weder in verordnetem Optimismus noch in sinistren Befindlichkeiten. Beckett mathematisiert die Gefühle. Er höhlt sie aus, indem er der Leere der enttäuschten Erwartungen Raum gibt, bis sie sich als Normalität jeglicher Empfindungsökonomie erweist. Die Enttäuschungen enttäuschen (das heißt sie lösen sich selbst auf!) – dies zu zeigen, dazu hebt Becketts Literatur an. Da ist kein Platz für Larmoyanz und Klage, weil bereits ein Irrtum ist, worauf sie reagieren. In wimmernder Sinnsuche drückt sich ein beliebter Denkfehler aus. Mit Spinoza verbindet Beckett die Rationalisierung des Regimes der Affekte, das von seiner Rationalität nichts wissen will. Die Abstraktionen, die sich Becketts Text erlaubt, indizieren nicht (zumindest nicht im einfachsten Wortsinn) das dem Konkreten opponierende Chaos, sie evozieren die Mathematik einer in ihrem Leerlauf erkalteten Welt. Ohne Vorwurf, ohne Klage. Man sucht bei Beckett vergeblich, was als Indiz politischer Sensibilität gilt: Empörung, die Wellen noch in die hinterste Herzkammer der schönen Seelen schlägt. Beckett hat nichts mit politischer Romantik zu tun. Seine Lektion liegt in der Befreiung des Geistes aus seiner Befangenheit ins Bekenntnishafte. Idioten erkennt man an ihrem schlechten (oder guten; es läuft aufs Selbe hinaus!) Gewissen, daran, dass sie sich keine Gelegenheit nehmen lassen, sich in die Pose des Sünders zu werfen, um ihren Reflexionsmangel als moralische Integrität zu inszenieren. Von Spinoza, Beckett, Deleuze, Foucault, Duras, Blanchot und Derrida lässt sich lernen, dass nur die Lektionen etwas taugen, die – mit oder ohne Artaud – *Schluss machen mit dem Gottesgericht*. Wenn es angesichts der sich im Sein manifestierenden Leere Verantwortung gibt, dann jenseits von Empörung und Schuldbewusstsein, an der Schwelle zu einer Verantwortung, die sich quasireligiöse Rückendeckung verwehrt. Inmitten der Immanenz Löcher zu bohren, durch die kein Gott oder Götze schlüpfen kann, ist, was Literatur, ohne nach Substanz und Sinn zu schielen, in rückhaltloser Bejahung des Schönen leisten kann.

SZENE

Wenn Lacan meint, dass Ich sei nicht dort, wo es denke, und es denke nicht, wo es sei, dann sagt er damit nicht, dass es nicht »es« sei, das denke und sei.[40] Nicht nur soll das Es Ich werden, das Ich soll sein Es-Sein anerkennen. Als klärte die eine Instanz die andere über sich auf, ohne dass klar sein dürfte, was *sich* hier heißt. Die Szene ist komplex. Das Subjekt zerrissen oder gespalten. Im christlichen Seinstheater kommt Gott dazu, der sich im Es wie im Ich versteckt: Gott ist überall. Becketts *Endgame* nennt ihn einen »bastard«, der nicht existiert. Doch ereilt Gott das Signum seiner Inexistenz nicht von außen. Der Satz (er erregte Aufsehen: Beckett war nicht bereit, ihn zu modifizieren) steht nicht im geringsten Widerspruch zur trinitarisch gespaltenen Substanz des christlichen Gottes. Die Substanz ist leer, ihre Modi sind es nicht minder. Mit dem Christentum teilen Lacan und Beckett die Einsicht in die Substanzlosigkeit der Substanz. Das Substanztheater, das sich Eucharistie nennt, drückt kaum anderes aus: Transsubstantiation rückläufig = Leib und Blut Christi als kontingente Materie, die der Glaube zur göttlichen Substanz erhebt. Becketts Szenen, seine Bühnen und Schauplätze, sind durchgängig solche der Enttranssubstantiation. Damit ist er nicht blasphemischer als das Christentum. Er selbst weiß es, wenn er am 26. Dezember 1957 George Devine gegenüber nicht nur die »Wichtigkeit«[41] (wie er es im Schreiben vom 9. Januar 1958 an Alan Schneider tut) seines Satzes aus dem Abschluss der Gebetspassage von *Endgame* (1956), »The bastard! He doesn't exist!«[42], betont, sondern zudem darauf insistiert, dass die Szene »nicht blasphemischer als ›Mein Gott, mein Gott, warum hast du mich verlassen?‹«[43] sei. Lacanianisch gewendet: Gott existiert im Modus seiner Inexistenz, und die ist atemberaubend effizient. Gott sei unbewusst, meint Lacan[44], weshalb Beckett ihn einen Bastard nennen kann!

CÉZANNE

Einer der enigmatischsten Briefe des jungen Beckett bezieht sich auf Cézanne. Die Kategorie des Inkommensurablen wird in ihm zentral. Und die Kategorie der Demut. Das Naturverhältnis des Malers kann ein demütiges sein. Wie weit darf die Demut gehen, ohne zur Selbstaufgabe zu nötigen, um in einer Art Pannaturalismus zu münden, der das Subjekt in der Natur aufzulösen trachtet wie ein Stück Zucker im Kaffee?

Ein solcher Pannaturalismus käme einem Pantheismus gleich, dessen Regressionsbereitschaft kaum überschätzt werden kann. Bei Gottfried Benn findet man die evolutionsbiologische Metapher der »thalassalen Regression«.[45] Dort ist es die Sehnsucht, sich von seiner Verhirnung zu befreien, um ins Urmeer zurückzukehren. Der Sündenfall markiert den Landgang des Subjekts, seinen Sturz ins Wissen = aus dem Paradies. Fortan zieht es ihn ins Imaginäre einer Herkunft, die unwiderruflich verloren zu sein scheint. Beckett spricht in Bezug auf Cézanne von dessen »Gespür für seine Inkommensurabilität«.[46] Aus diesem Gespür kommt dessen Malerei. Sie ist kein Kniefall vor dem Berg. Nie erliegt Cézanne der Versuchung, vor der Montagne Sainte-Victoire niederzuknien. Eher stellt er sich der Herausforderung, ihr gegenüberzustehen. Cézannes Malerei ist weder eine der Einfühlung noch eine der Repräsentation. Mit Impressionismus hat sie genauso wenig zu tun. Weder geht es um Momentaneität noch um Naturanbetung. Cézanne ist der Maler der Inkommensurabilität von Subjekt und Motiv. Es geht darum, eine Brücke zwischen beiden Registern zu schlagen, die ihren Abstand voneinander wie ihre Verbundenheit artikuliert, den Parallelismus von Bild und Bildgegenstand.[47] Was Cézanne malt, ist nicht, was das Bild zeigt. Der eigentliche Gegenstand seiner Malerei ist das Bild selbst: das Bild, das er sich vom Bildgegenstand macht. Cezanne ist ein Übersetzer, der, statt sie naturgetreu abzubilden, Natur als etwas sich diesem Treuebegehren Widersetzendes darstellt. Die *réalisation* ist Markierung der Inkommensurabilität von Subjekt und Natur. Cézannes Malerei zeigt ins Dilemma solcher an Unübersetzbarkeit grenzender Übersetzung, wie es jede Übersetzung als Dokument der genannten Inkommensurabilität ist. Beckett ist dieser Unübersetzbarkeit oder Inkommensurabilität auf der Spur. Es sei unwahrscheinlich, sich in Natur zu verwandeln. Aus dem Naturgrund ragt das Subjekt wie eine unheilvolle Spitze hervor. »Ich verstehe«, schreibt er, »die Demut in Ausdrücken wie ›ich lebe nur in der Gnade des Herrn‹ oder ›ich lebe nur in der Ungnade dieses alten Bastards‹, die Demut gegenüber dem Verworfenen & den Berufenen, aber vor dem ganzen Arsenal der Leere … comprends pas.«[48] Der Satz bleibt rätselhaft. Klar ist, dass Beckett den Finger in die Wunde legt, die der Mensch in den Naturzusammenhang schlägt. »Ich sehe keinerlei Möglichkeit einer Beziehung, im Guten oder Schlechten, zum Inkommensurablen […].«[49] Der Satz klingt wie von Wittgenstein. Seinem Zusammenhang entrissen, wird er zur Formel der Erfahrung eines Risses, der zwischen Mensch und Natur sowie durch den Menschen selbst verläuft, dessen Einheit mit sich alles andere als gesichert zu sein scheint. Die Cézanne-Deutung des jungen Beckett rührt ans Faktum, dass Kunst sich als ontologische Überforderung artikuliert. Der parmenideische Satz von der Selbigkeit von Denken und Sein findet sein differenzontologisches Korrektiv in der Bestimmung dieser Selbigkeit als Nichtidentität oder Inkommensurabilität. Die *réalisation*, die die Malerei leistet, bewegt sich zwischen den Polen von Identität und Differenz. Dieses Zwischen kann Passage sein oder Aporie.

KLARHEIT + EXAKTHEIT

Eine Tagebuchnotiz vom 20. November 1965 gilt der Langeweile. Susan Sontag konstatiert: »Vielleicht muss Kunst heutzutage langweilig sein.«[50] Im Zusammenhang mit ihren Überlegungen zur Aufmerksamkeit wird die Langeweile als eine ihrer Funktionen erkannt: »Langeweile ist eine Funktion der Aufmerksamkeit. Wir erlernen neue Modi der Aufmerksamkeit – geben zum Beispiel dem Hören mehr Gewicht als dem Sehen«, was verlangt, aus dem »alten Bezugsrahmen« auszusteigen, um einen neuen zu konstituieren. Es könne auch darum gehen, »parallel« zum ersten Rahmen einen zweiten oder dritten zuzulassen. Es geht um veränderte Wahrnehmung. Die Langeweile kann dazu anstiften, in einer anderen als der bisherigen Rezeptionsform wahrzunehmen.[51] Beckett, den sie ihrem »privaten Pantheon«[52] zurechnet, sei »langweilig« in diesem Sinn. Er erlaubt den Wechsel von einer Wahrnehmungsform zu einer weiteren. Seine Literatur verändert die Literatur. Durch ihn wird sie zu etwas Neuem.

Beckett lesen heißt lesen lernen, in einem völlig neuen Sinn. Dem »ungeheuren Zerfall des Ich«[53], dem Deleuze bei Beckett beiwohnt, entspricht die Konzentration des Erschöpften, der als Paradigma des entsubjektivierten Subjekts auftritt. In der Langeweile öffnet sich eine Leere, die der Zeitwahrnehmung ihre Spitzen nimmt. In endlos gestreckter Zeit verliert das Subjekt seine Ziele aus den Augen, um sich grenzenloser Indifferenz zu exponieren. An die Stelle der Aufgeregtheit tritt Gleichmut. Sontag weiß, dass die Langeweile der Unterhaltung und Zerstreuung opponiert. Sie schärft den Sinn fürs Übersehene und Überhörte. In der Langeweile tut sich – mit der »Klarheit + Exaktheit«[54], die Sontag zur Signatur Becketts erklärt – gähnende Leere auf. Wer sich ihr öffnet, muss es mit Präzision und Aufmerksamkeit tun.

SCHEITERN

Mit Verweis auf Marcel Proust, zu dem er eine 1931 publizierte Monografie schrieb, reklamiert Beckett nicht nur die Differenz von Schreiben und Leben für sich, er insistiert zudem auf der Inkommensurabilität des Scheiterns in beiden Ordnungen. Das Gelingen gehört keiner von ihnen an. Universell ist einzig das Scheitern. Doch Schreiben scheitert anders als Leben. Es ist »in beiden Arten […] grundsätzlich nicht miteinander zu vergleichen«.[55] Wieder ruft Beckett – im

Brief vom 21. November 1969 an Matti Megged – die Inkommensurabilität zweier fundamentaler Register auf. Das Scheitern ist immer dreifach: Es betrifft das Leben wie das Schreiben sowie die Unmöglichkeit, ihr jeweiliges Scheitern in ein Verhältnis zu setzen, was einer Art Autorenromantik gleichkäme, die im misslingenden Schreiben misslingendes Leben bewiesen haben will. Doch das Schreibleben ist ein Leben eigener Art. Es distanziert sich, wie auch Kafka wusste, vom bloßen Leben. Beckett beteuert, dass er das »notwendige Scheitern von beidem« kenne, von Leben und Schreiben, indem er auf Prousts »Unterscheidung zwischen dem ›Realen‹ des menschlichen Jammertals und dem ›ideellen Realen‹ des Künstlers« rekurriert. Er fordert die Wiederbelebung dieser Unterscheidung ein. Das »Material der Erfahrung« sei nicht das »Material des Ausdrucks«.[56] Die Insistenz auf deren Inkommensurabilität ist für Becketts Poetik konstitutiv. Sie sperrt sich dem vulgären Naturalismus, Empirismus und Vitalismus. Beckett spricht dem Schreiben eine Metaebene zu, der man kaum mit dem Vorwurf des Ästhetizismus begegnen kann. Eher indiziert sie den Parallelismus einer Schreibmathematik, als deren Vorbild die Cézanne'sche *réalisation* gelten kann. Zur Inkommensurabilität von Schreibscheitern und Lebensscheitern gehört die Divergenz ihrer Wahrnehmung: »So kann ein Leben im Scheitern kaum anders als bestenfalls trostlos sein, während es nichts Spannenderes für den Schreibenden gibt, oder nichts, was reicher ist an unausgeschöpften Ausdrucksmöglichkeiten, als das Scheitern am Ausdruck.«[57] Das Leben der Literatur ist von der Ordnung dieses zweiten Scheiterns, das Beckett das des Ausdrucks nennt. Die Differenz zwischen beiden Formen des Scheiterns erkannt zu haben, ermögliche es ihm, führt Beckett aus, in einer kritischen Situation »weiterzumachen«. Die Folgerung ist naheliegend, das Schreiben heißt, sich dem Scheitern nicht nur im Leben, sondern noch im Schreiben zu exponieren, sich Situationen hinzugeben, die nur kritisch ausfallen können. Kritisch ist, medizinisch gesprochen, der Zustand des Patienten, der zwischen Leben und Tod schwebt, ohne dass klar ist, zugunsten welcher Seite das Pendel ausschwingen wird. Solange der Schriftsteller lebt, versetzt er sich in diesen kritischen Zustand: dem Tod mit den Mitteln des Schreibens zu trotzen, um das Scheitern am Ausdruck als Wahrheit des Schreibens zu bejahen.

SCHAUKEL

Die Hartnäckigkeit, die Badiou bei den Figuren Becketts ausmacht – zum Beispiel bei Wladimir und Estragon (aus *Warten auf Godot*), die »ein Nichts zerstreut und wieder aufmöbelt«[58] –, referiert auf Lacans Imperativ, dem Begehren nicht auszuweichen (*ne pas céder sur son désir*). Was es vorführt, ist seine Blindheit. Die Spitze des Vektors oder Pfeils ins Unbestimmte muss stumpf sein, damit sich die Flugbahn des Begehrens ins Nichts fortsetzen kann, das sein Zielpunkt ist, der konstant entweicht. Das Begehren reicht ins Leere – deshalb ist es von solcher Intensität! Analog zum doxologischen Imperativ, der Antigone in Sophokles' Tragödie in Gestalt der Warnungen ihrer Schwester Ismene erreicht, werden Becketts Figuren von dürftigen Erwägungen bombardiert. Sie haben die Funktion, vom Nichts des Begehrens abzulenken. Durch sie spricht die Stimme einer Vernunft, die sich im Gegenwärtigen beruhigt. Anästhesierte Vernunft, die Doxa heißt = gesunder Menschenverstand. Becketts Theater ist von Ungesunden bevölkert, nur erweist sich deren Aufgekratztheit und Labilität als Normalität. Entgegen einer verbreiteten Vorstellung ist auf Becketts Bühnen kein Platz fürs Außergewöhnliche. Der Vektor ins Unmögliche wird vom Möglichkeitssinn vernünftelnder Subjektivität nur unzureichend absorbiert. Immer bleibt das Subjekt vom Nichts heimgesucht, das es in die Leere seiner unbestimmten Gegenwart zieht. Es ist nicht so, dass der Zukunftsraum, in den die Utopien oder Messianismen reichen, verschlossen wäre. Eher erweist sich die Gegenwart als Sphäre ontologischer Inkonsistenz, die ihre Bewohner von Nichts zu Nichts schaukeln lässt, in einer Bewegung, die nicht zum Stillstand kommt. Die Schaukel wirft sie von hier nach da und zurück, bis deutlich wird, dass zwischen dem Hier und dem Da kein Unterschied besteht. Der einzige Halt, der ihnen bleibt, ist die erheiternde Dummheit, die sich ihr Leben nennt. Noch wenn die Sinnfrage nicht in die Schaukelbewegung interveniert, ist sie als nur im Modus der Parodie denkbare präsent. Sinn und Nichts koinzidieren auf belustigende wie erschreckende Art. Zwischen beide Ordnungen passt kein Blatt Papier. Auf der Grenze, die ihre Trennbarkeit kaum noch gewährleistet, taumeln Becketts Figuren als Protagonisten eines Welttheaters, in dem ihre Ohnmacht als Beweis ihrer Lebendigkeit fungiert.

DER UNMÖGLICHE TAG

Er währt keine kosmische Sekunde. Der Nacht entrissen, »erglänzt« er »einen Augenblick«, meint Pozzo aus *Warten auf Godot*, dann »von neuem die Nacht«.[59] Die Versuchung ist groß, vom Tag zu sagen, dass er aufgrund seiner Kürze nicht existiert. Vom Schwarz der Weltnacht umfangen, funkelt er kaum. Erglänzen, ja, Leuchten, das durchs schwarze Dickicht schlägt. Oft meint man, er sei der Blitz, der die Nacht zerreißt und mit ihr das Subjekt. Inmitten der Nacht wird es als ihr Kind geboren. Der Moment seines Hierseins verschwimmt mit dem Dort seiner Herkunft, die sich als infinite Zukunft erweist. In der Nacht leuchtet das Subjekt taghell auf. Von seinem Aufleuchten lässt sich sagen, dass es alle Spuren der Vergeblichkeit trägt. Genau genommen ist es merkmallos. Schimmer seiner Unmöglichkeit. Der Unmöglichkeit abgetrotzter Beweis der Nichtigkeit einer seiner Inexistenz exponierten Existenz. Wenn er eine Funktion hat, dann liegt sie in dieser unmöglichen Beweisführung. Der Tag ist Index seiner Unmöglichkeit. Er erglänzt, um sein Glänzen zu dementieren. Solange es der Nacht unmöglich ist, sich selbst zu belichten, assistiert ihr der ontologische Tag, den die philosophische Tradition mit Evidenz und Transparenz assoziiert. Sein Licht verhilft der Nacht zu ihrem Dunkel. Als hätte er ein ruheloses Auge auf die Nacht geworfen, die sich ihm hingibt, indem sie sich entzieht. Die verwandtschaftlichen Beziehungen zwischen Tag und Nacht sind komplex, da es die Nacht ist, die den Tag als ihren Bruder oder ihre Schwester erzeugt, deren Licht mit der Bezeugung ihrer Erzeugung zu erlöschen beginnt. Im Glänzen des Tages bricht die Nacht als sein Schicksal hervor. Wenn es ein Subjekt gibt, dann als Wächter seiner Unmöglichkeit. Subjekt ist nicht, was sich in Kogitationen ergeht, in transparenten Denkakten und selbstbewussten Konsistenzversicherungen. Subjekt nennen wir den Träger des Lichts, das ins Dunkel zeigt.

GLÜCK

Als würde das einzig denkbare Glück im Verlust des Denkens liegen, nicht im Verstummen, sondern im Stummsein der Wörter, nicht in ihrer Abwesenheit, sondern in ihrer Leere, im Glanz einer Präsenz, die nichts sagt: »nichts und nimmer als tote Worte«.[60]

ZWEITER TEIL: VON NICHTS ZU NICHTS

NOTIZ ZU SIMONE WEIL

»Wir werden nicht mehr dasein [sic]. Aber in diesem Nichts, das an der Grenze des Guten ist, werden wir wirklicher sein als in jedem beliebigen Augenblick unseres irdischen Lebens.«[61] In der Selbstauflösung erblickt Weil den höchsten Grad an Seinsintensität. Die Identität von Sein und Nichts ist Zielpunkt ihrer mystischen Ontologie. Sie ist mathematisch, indem sie sich dem Infinitesimalkalkül anvertraut. Es geht darum, sich der Null zu nähern, der Leere, dem Nichts. Weils Mystik impliziert Wissen ums Nichtwissbare als Gehalt des von ihr in der Form des Denkens praktizierten aporetischen Gebets. Sie nähert sich dem Schrei, von dem sie sagt, dass er unbeantwortet bleibt. Ihr Denken ist ins Antwortlose gestellt. Dabei verliert es sich nicht im Vagen. Esoterik ist ihm fremd. Es ist ein neuer Begriff von Präzision, den Weils Denken exerziert. Es ertastet die substanzlose Substanz, die man das Absolute nennt. Dass das Absolute unantastbar ist, heißt nicht, dass es über keine Präsenz verfügt. Das Subjekt schwimmt in ihm wie in der Leere. Als ihr Index tritt es vor Gott. Man kann dieses Vortreten

Gebet nennen, solange man weiß, dass es sich um eine ins Nichts schnellende Dynamik handelt. Es ist aporetisch, weil es das Subjekt mit der Vergeblichkeit seiner Existenz konfrontiert.

PFEIL

Das Schreiben sei ein »Pfeil, der auf die Leere [...] abzielt«[62], schreibt Blanchot. Ein Pfeil folglich, der nur trifft, indem er ins Leere trifft, wie das Denken sich nur in der Selbstverfehlung ereignet, indem es über sich hinausgeht, um den Raum einer Leere zu betreten, der kein Jenseitsraum ist, sondern die Immanenz selbst, das *hic et nunc*, nicht aus der Perspektive einer Heilserwartung oder Jenseitsvorstellung gedacht, sondern als Indifferenzzone, die sich ins Unermessliche zieht, wie das expandierende Universum, als außerterrestrische und multigalaktische akosmologische Wüste, die Milliarden Sonnen und Milliarden Galaxien umfasst. Vielleicht bedeutet zu denken und zu schreiben, den Punkt einer Negativität aufzusuchen, die unmittelbar in Positivität umschlägt. Das Denken würde ins Herz des Seins zeigen, wo es mit dem Nichts verschwimmt, mit dem Ruin alles Seienden, mit seiner Indifferenz. Es exponierte sich, wie Albert Camus sagt, der Brutalität der Sonne, der, wie es auf den letzten Seiten von *L'Étranger* (1942) heißt, »tendre indifférence du monde«[63], der sanften Gleichgültigkeit der Welt.

Das »Nichts« habe ihn »angeweht«[64], bekennt Kafka gegenüber Milena Jesenská. Er wähnt sich von Gespenstern umhangen. Ständig zupft es an ihm. Was ihn anweht: die Leere. Schreiben heißt, sich in ihren Kältestrom zu stellen. Gespenster lassen sich nicht ignorieren. Jedes fordert seinen Tribut. Ihre Präsenz ist flüchtig, doch intensiv. Ihr Sprache anzumessen, ist, was Kafka Schreiben nennt. Es impliziert die Bereitschaft, aufs Nichts zu hören, um Gespenster zu empfangen. Was erzählen sie ihm? Nichts, muss man vermuten. Ihr Dasein ist Erzählung genug. Wer in Kafkas Erzählungen einen tieferen Sinn sucht, verfehlt sie bereits. An ihnen zerschellt jede Interpretation. Sie zertrümmern Symbolik und Metaphorik. Bei Kafka ist alles wörtlich gemeint. Da ist nicht das mindeste Rästel. Es handelt sich um rätsellose Literatur. Die Fantasie überlässt Kafka den Idioten. Schlechte Autoren erkennt man am Fantasiereichtum. Kafka ist ohne Fantasie. Nichts an Kafka ist kafkaesk. Wohin seine Literatur entführt, sofern man von Entführung reden will, ist die Welt ohne Hinterwelt. Mit dem Jenseits gibt er, einem bekannten Nietzschewort entsprechend, auch das Diesseits verloren. Transzendenz und Immanenz kollabieren. Das Nichts befindet sich nicht jenseits. Es markiert die Unvertrautheit der diesseitigen Welt. Hier tummeln sich Gespenster. Kafka reizen sie zur Feststellung, dass wir »bis zur Komik arme Menschen«[65] sind.

Eine Metaphysik der Leere kann nur eine des Taumels sein. Wenn die Blicke ins Unendliche reichen, riskiert das Subjekt, sich verloren zu gehen. Sein Horizont bricht ein. Der Himmel ist zerstochen. Durch die Löcher weht das Nichts es an. Blanchot hat die Erfahrung des unendlich leeren Himmels als seine Urszene beschrieben. Sie ist Erfahrung inkommensurablen Glücks. Die Leere überschwemmt das Kind, das er war, mit grenzenloser Beatitudo. Sein Konzept des Außen/Draußen (*dehors*) hat mit dem Gefühl einer Freiheit zu tun, die der Leere und Unendlichkeit korrespondiert. In *L'écriture du désastre* (1980) spricht er vom »Schwindelgefühl, das vom verödeten Draußen weiß«.[66] Der Sog des leeren Himmels kann unerbittlich sein. Er stellt eine Freiheit in Aussicht, die sich bereits bei Heidegger und Sartre dem Nichts verdankt. Das Loch der Freiheit muss kein Abgrund sein. Oft wird es als beglückende Weite erfahren. Im Taumel wird dem Subjekt seine Freiheit bewusst. Doch handelt es sich um ein Bewusstsein, das die überlieferten Bewusstseinsbegriffe sprengt. Mit dem Horizont hat das Cogito die transzendentalphänomenologische Option auf einen stabilen Subjektstatus verloren. Es ist leer, bereits bei Descartes. Im perforierten Horizont der Inexistenz Gottes erfährt es seine Löchrigkeit. Das affirmative Denken Blanchots – weit davon entfernt, unkritisch zu sein, es ist im

Gegenteil kritischer als jede Kritik, komplexer, subtiler, unendlich genau! – impliziert Bejahung der desaströsen Dimension des menschlichen Subjekts. Zwischen Sein und Nichts gehalten, ist es fast nichts. Sein infinitesimaler Abstand zur Leere macht es zur ontologischen Unwahrscheinlichkeit, zu einer Art *clinamen*, einer Drift oder Abweichung in der es umgebenden Leere, deren ohnmächtiger Zeuge es bleibt.[67] Blanchot spricht vom »zerstobene[n] Jenseits«, das fortan (eigentlich immer schon!) das Schicksal des Menschen darstellt. Es handelt sich um ein Schicksal ohne Fügung, um Kontingenz. Kontingent ist das Cogito nicht, weil es nicht denken kann, sondern weil alles, was es denkt, Reflex der Leere ist, die den primordialen Ruin seiner Existenz erweist.

VULGÄRNIHILISMUS

Eine Philosophie der Leere, der Inkonsistenz, des Nichts kann nicht selbst nichts sein. Statt einem unendlich entfernten Objekt nähert sie sich dem, was ist. Philosophie hat nichts mit Approximation *ad infinitum* zu tun, so wenig wie mit schlechter Unendlichkeit. Statt um asymptotische Annäherung an eine Entzugsfigur geht es um die Feststellung ihrer heiklen Präsenz. Obwohl Hegel Philosophie als Approximationsdynamik beschreibt, konzeptualisiert sein Denken das Absolute nicht als (romantisch verklärte) Ferne, sondern als primordialen Kontaktraum des Subjekts. Es hat die Grenze zu ihm schon überschritten. Die Aufgabe des Denkens liegt in der Formalisierung der Leere, die es in sich trägt. Schwaches Denken erkennt man daran, dieser Formalisierungsarbeit, die die des Begriffs (in der Philosophie), die der Form (in der Kunst) ist, in Konkretismus, Inhaltismus oder pseudopolitischen Journalismus auszuweichen. Wirkliches Denken stellt sich dem Nichts, ohne vor ihm niederzuknien. Religion, autoprotektionistischer Nihilismus, Schwärmerei und Romantik stellen Fluchtmechaniken vor dem Denken dar, das sie sich nicht erlaubt. Der Vulgärnihilismus cooler Nichtsbehauptung erweist sich als Infantilismus narzisstischer Denkverweigerung. Die Pose ist tatsächlich nichts als Pose. Nichts, das dem Nichts ausweicht, während es vorgibt, es zu markieren.

SCHREIBTRÄNEN

Wenn Duras sagt, »Schreiben« sei »wie Weinen«[68], handelt es sich nicht um Sentimentalität. Die Tränen tropfen als Wörter aufs Papier. Oft weiß Duras nicht, ob sie etwas bedeuten. Zum Schreiben gehört Enthemmung, die an Schamlosigkeit grenzt. Während ihre ersten Bücher einer konventionellen Erzählweise folgen, samt konsistentem Plot und identifizierbaren Charakteren, sind Texte wie *Le Ravissement de Lol V. Stein* (1964) und *Emily L.* (1985) am Wahnsinn entlang formuliert.[69] Der Text zerfällt zu einer Sprache, deren Wildheit ihrer Einfachheit nicht widerspricht. Duras öffnet die Schreibdynamik auf eine Leere, die jeder Satz im Modus elliptischer Verschwiegenheit transportiert. Schreiben heißt, sich dieser Leere auszusetzen, um mit einer leeren Sprache auf sie zu reagieren. Es ist ein Umzirkeln des Kraters, am Rand des Vulkans, der zu explodieren droht. Hier bewegt sich das Schreiben von Duras. An der Klippe zum Wahnsinn, weshalb der Aufenthalt dort bereits eine Art Wahnsinn darstellt. Schreiben ist ein Weinen, weil es zur Dekonzentration aufruft. Es sind Tränen der Stärke, die den Schreibprozess charakterisieren. Nur handelt es sich bei dieser Stärke um nichts weniger als um Macht. Es handelt sich um Ohnmacht am Limes dessen, was das Schreiben zu verunmöglichen droht. Duras schreckt nicht davor zurück, die Feminität ihres Schreibens mit einer Politik der Ohnmacht und Verweigerung oder Passivität zu konnotieren. Sie tut es in Abgrenzung zum maskulinen Potenzgebaren. Dennoch verfällt sie nicht der Versuchung zum Lob der Impotenz.[70] Das Schreiben verführt nicht zur Ohnmachtsinszenierung. Es aktiviert und animiert, indem es das Subjekt über seine Subjektgrenzen hinaustreibt, sodass es seinen Objektcharakter, sein Affiziertsein durch die Umstände, ebenso anerkennt wie manifestiert. Duras berichtet vom weinenden Kind am Ufer des Meeres. Sie schreibt von dessen Grazie. »Man fragt es: Warum weinst du? Es antwortet nicht. Es weiß nicht warum.«[71] Das Nichtwissen des Kindes, das sich am Strand von Trouville seinen grundlosen Tränen überlässt, indiziert das nicht wissbare Wissen um die Leere der Welt. Seine Augen öffnen und schließen sich angesichts dieser Leere. Sie versuchen, nicht zu viel von dem zu sehen, was sie längst erreicht hat: der Tod, der dem Leben innewohnt, das Nichtsinn, das über den Sinn triumphiert, das Nichts, das das Sein besiegt. All das erschließt sich den Kinderaugen, die die Schreibaugen von Duras sind, ins Leere gerichtet, was bei ihr auch heißt, aufs Meer hinaus, seine Unendlichkeit und Weite. Der Blick der Schreibenden reicht ins unendlich Ferne, das hier und jetzt ist, in allem, was sie sieht. Da ist keine Transzendenz, kein metaphysischer Punkt am Horizont. Da ist nichts als die Unermesslichkeit des weinenden Himmels, im grauen Sommer des Jahres 1980. Ein »feiner, leichter Regen«, der auf den »leeren Strand«[72] trifft, dem das Kind mit seinen Tränen opponiert.

DESASTER

Der Blick auf die Wahrheit kann nur ins Leere reichen, da Wahrheit die Leere indiziert, die das Seinsspektrum primordial zerrissen hält, distrakt, zerstört. Wenn Philosophie die Bewegung des Subjekts auf Wahrheit hin ist, dann ist sie der

Gang in die Zerstörung. Philosophieren bedeutet, sich ins Desaster einer apriorischen Zerrissenheit aufzumachen, wo sich die Evidenzen auflösen, die Gewissheiten verfliegen, das Vertraute kollabiert … wo sich also das Subjekt verloren zu gehen droht, in der Leere oder im Nichts, als deren an Wahnsinn grenzender Zeuge es fungiert.

CHAOS

Fernando Pessoa spricht vom »inneren Schlaf«[73], Duras vom »inneren Schatten«[74]. Beide suchen, die dunkle Stelle im Subjekt zu markieren. Das selbstransparente Cogito gibt es nicht. Es existiert nur als metaphysische Konstruktion. Im Herzen der Transparenz persistiert Undurchsichtigkeit. Was die Philosophie ein *Subjekt* nennt, ist Schauplatz intransparenter Zustände. Ein regelrechtes Theater der Intransparenz tut sich auf. Die Geisterbahn des Denkens bevölkern Ungeheuer. Deshalb konnten Deleuze und Guattari von Kunst, Philosophie und Wissenschaft als den »Chaoiden« sprechen und Jean-Luc Nancy vom »Chaogito«.[75] Denken, das Synonym fürs Subjektsein ist, heißt, sich dem Chaos zu nähern, das es primordial besetzt. Es gilt eine Turbulenz zu empfangen, die das Evidenzsystem, das wir *Wirklichkeit* nennen, seiner Inevidenz überführt. Denken ist der Akt dieser Überführung. Kunst, Philosophie und Wissenschaft verbindet, Chaosberührungen zu sein, die sich weigern, sich in Evidenzen zu zerstreuen.[76] Es geht darum, der Formlosigkeit Form zu geben, Sprache. Der Leere, statt ihr auszuweichen, zu antworten. Dem Chaos zu entsprechen, »dessen«, wie Pessoa sagt, »wahre Kinder wir sind«.[77]

CONTAINER

Hartnäckiger Mythos: Der Logos sei dem Chaos (oder der Leere, die die Inkonsistenz des Mythos dürftig kaschiert) entsprungen. Dabei ist er nichts als dessen Konzeptualisierung unter Berücksichtigung ihres Scheiterns, was aus jedem Begriff (*conceptus* = Gedanke, Vorstellung) einen Chaoscontainer macht. In der Fülle residiert die Leere. Eine Dialektik, die solcher Negativität zu entsprechen versucht, kann weder negative noch positive (auf Synthesis ausgerichtete) sein.[78] Sie wäre eine der (asynthetischen = absolut koinzidenten) Identität von Licht und Dunkelheit, Totalität und Mangel etc. Ihr Medium: die Erfahrung oder der Begriff. Man muss verstehen, dass Begriffe Indizes des Unwirklichen und Unendlichen von Wirklichkeit und Endlichkeit sind. Die Erfahrung des Denkens wird immer die einer gewissen Dunkelheit sein. Die Ungewissheit, die ins Wissen einbricht, erschüttert dessen Fundamente. Das Subjekt taumelt. Es beginnt zu begreifen, dass sein Wissen sich letzter Schlüssigkeit entzieht. Da ist eine Wand. Inmitten der Wissensarchitektur stößt es auf sie. Sie ist ihr nicht äußerlich, sondern konstitutiv. Man könnte sie ihr Fundament nennen, obwohl sie den Mangel eines Fundaments indiziert. Eigentliche Denkerfahrung ist Erfahrung einer sich entziehenden Größe oder quasi-divinen Abwesenheit. Lange hat man so gedacht! (Es ist weiterhin legitim – aber was bedeutet hier noch Legitimität?) Mit oder ohne Kafka, wir bewegen uns vor dem sich jeder Gesetzmäßigkeit entziehenden Gesetz. Allerdings müsste man die Evidenz des Nichtevidenten, die Präsenz des Absenten, die Wirklichkeit des Unwirklichen, die Gewissheit des Ungewissen etc. mit einem Licht in Verbindung bringen, das noch die tiefste Dunkelheit erreicht. Erst die Erfahrung dieser Überhelligkeit, die den Blick mit seiner Gegenstandslosigkeit versöhnt, kann Erfahrung des Denkens heißen. Denken, das sich einer Sonne zukehrt, die weder ignoriert noch angeschaut werden kann. Sie ist präsenzlose Präsenz. Alloverpräsenz, die sämtliche Sinne des Subjekts affiziert. Wahnsinnssonne, die das Subjekt an den Rand seiner Existenz verschlägt. Da ist kein Widerstand mehr. Nichts, woran man sich halten könnte. Wenn Denken mehr ist als Wissensakkumulation, dann koinzidiert es mit der Unmöglichkeit zu denken. Der Gegenstand des Denkens ist die Gegenstandslosigkeit. Wer denkt, riskiert die Nacht an eine Sonne zu verlieren, die ihm die Dunkelheit nimmt.

DENKBILD

Das Bild des Denkens als Waage. Als handele es sich um ein Wägen und um Gerechtigkeit. Das ist es nicht. Das Bild des Denkens, das von sich beanspruchen könnte, weniger ungerecht zu sein als dasjenige, das es mit Gerechtigkeit synonymisiert, wäre nicht eines, das ohne Gerechtigkeit auskäme, nur wäre die Gerechtigkeit in äußerster Verzerrung dargestellt. Dermaßen verzerrt, dass sie sich ihrer Verkennung exponierte. Das Bild zeigt, was es nicht zeigen kann. Es stößt an seine Grenze. Es artikuliert kaum mehr als diese Grenze. Und diese Artikulation, ihr Scheitern, die Zerrung der Wahrnehmung wie des Wahrgenommenen, am Limes der Unmöglichkeit, wäre Bild eines Denkens, das seine Möglichkeiten ausschöpft, indem es sich dem Unmöglichen anvertraut.

NOTIZ ZU DELEUZE

Das Undenkbare denkbar zu machen – darin hat Deleuze die Aufgabe der Philosophie erblickt. Er sagt nicht, die Philosophie sei unmöglich oder undenkbar. Er sagt, dass ihre Möglichkeit in der Ermöglichung des Unmöglichen liegt. Unmöglich, aus der Perspektive des Bestehenden, möglich, aus der Zukunft ins Gegenwärtige gedacht. Philosophie kommt aus der Zukunft. Nie erschöpft sie sich in Vergangenheit und Gegenwart.

SPRUNG

Bevor es zur Selbstbegründung anhebt, die sich als Letztbegründung ausgibt, muss sich das Denken dem »kalten Druck der Ungewissheit«[79] beugen, der es seinem Schwachpunkt zutreibt. Die Ungewissheit steht am Anfang des Denkens. Ursprung und Horizont sind zwei Enden derselben Schnur. An ihr entlang bewegt es sich in beide Richtungen. Es hält sich auf ihr wie auf einem Seil. Bei Kafka richtet sich der Künstler im Trapezgewirr der Stangen und Kordeln ein. Mehr bleibt ihm nicht übrig. Dasselbe gilt fürs Denken, das sich aus Furcht vor der Menge, den Kostümen, Kindern und Tieren die Rückkehr in die Manege erspart, um sich einem Seil anzuvertrauen, das ihm zum Sprung aus dem Zirkus verhilft, ins Außerhalb der Bühne, wo es nichts mehr erreicht.

STRUKTURHOMOLOGIEN

Über die »Frage nach den Anfängen/Ursprüngen«[80] könne man nicht sprechen, konstatiert Lacan. Er trifft sich hier mit Wittgenstein, der darauf insistiert, dass man nicht hinter den Anfang zurückgehen könne.[81] Heideggers Konzept der »Voranfänglichkeit«[82] trägt Spuren derselben Aporie und Derrida konzipiert sein Denken als eines des »Ursprungssupplements« und der »Ursprungsprothese«. Es gibt den einen, ungeteilten

Anfang so wenig, wie es Monokausalität gibt. Immer bewegt sich das Denken in Polykausalitäten. Dass eine Entscheidung durchs Feuer der Unentscheidbarkeit muss, heißt nicht, dass sie es verlässt. Noch Heideggers ἀλήθεια trägt – durchs Alpha privativum von ihr getrennt und mit ihr verbunden – Merkmale der λήθη, das heißt des »originären« Vergessens = der »ursprünglichen« Verborgenheit. Im Heraklitseminar, das Heidegger im Wintersemester 1966/67 mit Eugen Fink an der Universität Freiburg durchführte, heißt es: »Kein Tier zündet Feuer. Der Mensch allein zündet Licht in der Nacht.«[83] Dieses Licht hat die Funktion, die Nacht zu erhellen, um sie *als solche* zu markieren. Auch das Freud'sche Unbewusste muss im Negativlicht des Bewusstseins erscheinen, wie Kants Noumenon sich nur im Spektrum der Phänomena ausweist. Dieses Ausweisen und Sich-Zeigen wird zur zentralen Kategorie in Wittgensteins *Logisch-philosophische[r] Abhandlung* (1921). Es indiziert das Unsagbare, das bei Lacan das Reale heißt. Sind diese Strukturhomologien unzulässig? Nicht, wenn man die Notwendigkeit erkennt, über die Differenzen zwischen den verschiedenen philosophischen Dispositiven für einen Moment hinwegzusehen, um das ihnen Gemeinsame zu konzeptualisieren. Der Geburt des Seins aus dem Nichts entspricht schon deshalb kein *Fiat lux*, weil Sein und Nichts *fortlaufend* koinzidieren. Sein ist Werden, Anwesenheit Abwesenheit, und Selbst Andersheit. Wirkliches Denken bewegt sich auf dieser Ununterscheidbarkeitslinie zwischen dem Inkonsistenz- und dem Konsistenzregister, zwischen Sein und Nichts, Präsenz und Absenz. Es vermittelt zwischen beiden Domänen, ohne der Illusion finaler Ausbalancierung aufzusitzen. Was Hegel die *Identität von Identität und Differenz* nennt, ist gleichermaßen *Differenz von Identität und Differenz*, weshalb man, ohne in schlechte Unendlichkeit zu regredieren, von der unentscheidbaren *Identitätsdifferenz von Identität und Differenz* sprechen muss. Der Anfang ist schon Nichtanfang, wie der Ursprung immer Nichtursprung ist. So komplex ist die Situation.

KONSISTENZWOLKEN

Martin Seel sagt zu Recht, dass es verkehrt wäre, »das systematische Denken und das vagabundierende Denken gegeneinander auszuspielen.«[84] Solches Ausspielen, das einer Denkverweigerung gleichkommt, fällt nur Idioten ein. Es gibt sie auf der Seite der Systemarchitekten wie auf derjenigen der Existenzstreuner. Dabei ist wirkliches Denken, was die Kompossibilität beider Denkformen bejaht. Zu ihm gehört Umherirren wie Konstruktion. Im philosophischen Denken kooperieren Sorgfalt und Exzess. Nie reduziert es sich auf akkurate Begriffsmechanik. Immer beschleunigt es aufs Unbekannte zu. Dafür muss es sich von seinen Gewissheiten trennen. Es muss eine gewisse Flugbereitschaft aufbringen, die es das Territorium der etablierten Evidenzen verlassen lässt. Um nicht abzustürzen, verfügt es über Instrumente und Koordinaten. Das vagabundierende Denken öffnet sich den Unbestimmtheitsanteilen des Wirklichen, indem es sich unbekümmert in ihm bewegt. Es tut dies nicht, um auf Systematik zu verzichten. Zu jeder Systemarchitektur gehört die Ungesichertheit ihrer Elemente. Hegels Systemdenken vereint Ruhelosigkeit und Werden mit architektonischer Präzision. Das System als Ganzes bleibt unbegründbar. Es schwebt als Konsistenzwolke über dem Abgrund seiner primordialen Ungesichertheit. Nie hat Hegels Denken zu vagabundieren aufgehört. Doch handelt es sich bei der Vielfalt seiner Systementwürfe um fliegende Architekturen, deren Schlüssigkeit sie zu stabilen Flugkörpern formt. Denken heißt, sich solchen Flugkörpern anzuvertrauen. Nicht, weil sie über letzte Beständigkeit verfügen, sondern weil es zu ihnen keine Alternative gibt.

PIRAT

Roland Barthes bekennt sich zur Piraterie. Sein Schreiben befragt Identität und Besitz, um zu einem Denken jenseits des Identitarismus zu gelangen: »Ich halte mich an eine Art Piratengesetz, welches das Eigentum der Ursprünge nicht anerkennt.«[85] Es geht darum, mit der Autorität des Ursprungs wie der Urheberschaft zu brechen. Tatsächlich gibt es keinen Philosophen, der kein Pirat wäre. Zur Philosophie gehört eine gewisse Übergriffigkeit. Die angeeigneten Begriffe werden neuen Bedeutungen zugeführt. »Aus Gier bemächtige ich mich manchmal der Themen und Worte anderer.«[86] Was kann einer Philosophie Besseres widerfahren, als Gegenstand einer solchen Bemächtigung zu sein?

SCHNELLES DENKEN

Zur Geschwindigkeit des Denkens gehört ihre sukzessive Steigerung oder Verlangsamung. Sie gehorcht Linearität und Kausalität. Es handelt sich um eine den Imperativen der Konsistenz und Vernunft unterstellte Dynamik. Schnelligkeit bedeutet den Austritt aus der Logik sukzessiver Geschwindigkeit. Sie markiert den Bruch mit Kausalität und Linearität. Ihr entspricht der Wechsel von einer Bewegungsform in eine andere, abrupt, übergangslos, unverhofft. Zur Schnelligkeit gehört das Ausscheren des Denkens aus dem Bezirk von Vernunft und Effizienz. Schnell ist das Denken deshalb, weil es unberechenbar bleibt. Noch wenn es sich systematisch artikuliert und durch Argumente plausibilisiert, gehört zu ihm der rasche Wechsel von einem Begriffsplateau aufs nächste. Es widersetzt sich der Ordnung gefälliger Abfolge und Filiation. So bricht es mit sämtlichen Genealogien. Deshalb ist nur ein Denken, das sich der Schnelligkeit überlässt, *Denken*, statt Abspulen eines Programms.[87] Schnellsein heißt sich der Kontinuitiät und Sinnhaftigkeit widersetzen, um sich Brüchen hinzugeben, die sich jeglicher Rechtfertigung sperren. Schnelles Denken wird sich nie bruchlos dem universitären Diskurs, seiner Seriositätsanmaßung, die faktischer Denkverweigerung gleichkommt, assimilieren. Aus Furcht, man täte das Falsche, tut dieser Diskurs oft nicht mehr, als die richtigen Autoren richtig zu interpretieren, und verwechselt dabei seine Mutlosigkeit mit Philosophie. Bloß nicht denken ist akademische Devise. Man könnte in jedem wirklichen Denken auf die Bruchstellen zeigen, an denen es sich seinem Wahnsinn überlässt, um mit der Unbekümmertheit und Leichtigkeit, die zu ihm gehören, ins Ungewisse zu gehen. Im Raum der Ungewissheit sucht es nach neuen Begriffen sowie nach außerbegrifflichen Manövern und Strategien. Denken heißt, sich Geschwindigkeiten zu widersetzen, die Wiederholungsdynamiken (re)aktivieren, deren Sinn sich in der Verhinderung von Erfahrungen erschöpft, die nur schnell zu haben sind, rückhaltlos, unkontrolliert.

SPRACHE

Verheerender als ihr Verlust ist ihr Gebrauch.

INFINITESIMAL

Zwischen Fülle und Leere ist die Entfernung entweder minimal oder maximal (dasselbe sagt Blanchot über Himmel und Hölle).

CAHIERS

In den *Cahiers* denkt Paul Valéry über ein Buch mit dem Titel *Tagebuch meines Körpers* nach, als sollten seine Notizen Körperteile dieses Buchs sein. Er lässt den Körper im Medium der Schrift von sich abrücken, um metakorporale Effekte zu generieren, die – bruch- oder widerstandslos – weder dem Register des Geistigen noch dem des Körperlichen angehören. Sie indizieren Zugehörigkeitslosigkeit. Das tun die Aufzeichnungen der *Cahiers* insgesamt, indem sie ins Unbestimmte wuchern, bis über den Tod ihres Verfassers hinaus (schließlich sind sie Impulse, die zum Weiterdenken animieren). Der *Geist* Valérys erschüttert die materielle Komposition, die man sein Œuvre nennt. Er weiß um seine Körperlichkeit, die, neben der biologischen, die des Textes ist. Um das Wissbare zu wissen, um es so deutlich wie möglich (*clare et distincte*) zu artikulieren, muss er sich aufs Unwissbare einlassen. Als körperlicher Akt erweist sich Denken als schmerzliche Angelegenheit: »Wie kann man denken, ohne den Körper zu spüren?«[88]

GEIST

Geist ist nicht der Name der Extension des Körpers ins Unendliche, wie gewisse Idealismen meinen. Geist ist die Kapazität, dem Unendlichen endlich zu antworten. Die Fähigkeit, ein Loch ins Unendliche zu bohren.

KAFKA KANNTE ALL DIES

Anders denken heißt auch anders wohnen, sich neu im Weltganzen zu orientieren. Man muss sich auf den Realität genannten Wahnsinn einlassen, die Illusion stabiler Wohnräume, die ein komplexes Wahngebilde darstellt, ein Labyrinth, dessen Türen sich weiteren Labyrinthen mit weiteren Türen öffnen, deren Räume winzig klein und unfassbar geräumig ausfallen können, derartig geräumig, dass da nichts mehr ist, woran man sich halten kann. Statt in dunkle Keller oder lichte Wohnräume verzieht sich das Subjekt in Wüstenlandschaften, die unermesslich sind. Es bewegt sich unter freiem Himmel. Doch das ist eine Illusion. Dem Denken wird die Sprache zum Faden, der es – statt ins Außen – in die Verstrickung führt. Es muss sich, wie Foucault sagt, »auf der Kehrseite der vertrauten Worttapete«[89] umsehen, um neue Gesetzmäßigkeiten des Denkens, Sprechens und Wohnens zu eruieren. Es muss sich auf Synthesen des Bestehenden einlassen, die bedeutungslos oder gefährlich sind. Wohnen heißt, sich im als Sinn getarnten Nichtsinn aufzuhalten, um sich am Einsturz seiner Gewissheiten zu erfreuen. Es ist ein Denken elementarer Obdachlosigkeit, das das Wohnen unter entvölkertem Himmel darstellt. Wohnen als Denken, wie umgekehrt. Heidegger hat den Konnex von *Bauen, Wohnen, Denken* in einem Vortrag von 1951 entfaltet.[90] Es geht um den Seinsaufenthalt des menschlichen Daseins, das Heidegger das Sterbewesen nennt. Bauen, Wohnen, Denken sind Existenzmodi eines seiner Substanz beraubten Subjekts. Heideggers »Geviert« von »Himmel«, »Erde«, »Sterblichen« und »Göttlichen« ist längst in eine virtuelle Multiplizität von Weltgegenden zersplittert. Wie man weiß, klammert er sich ans Fantasma einer ontologischen Heimat. Er rührt ans Problem wesenhafter Wesenslosigkeit (denn auch Heidegger weiß, dass der Mensch aus seinem Wesen gefallen ist, derart, dass dieses Wesen nicht existiert!). Die Menschen müssen ohne Kehrseite auskommen. In transzendenzloser Immanenz regiert das Prinzip offener bzw. additiver Totalität. *Kaum denkt man, man wüsste, wo man sei, öffnet sich dem Denken/Existieren eine unsichtbare Tür.* Kafka kannte all dies. Seine Topologien antizipieren das Dilemma der ins Unendliche verlängerten endlichen Existenz. Angesichts einer Unzahl von Bedeutungsarchitekturen, die von gesellschaftlichen Imperativen, kulturellen Regeln, staatlichen wie polizeilichen Vorschriften und Gesetzen, moralischen Zwängen, intransparenten Wunschökonomien etc. zusammengehalten werden, bewegt sie sich am Limes des Sinns wie seiner Inkonsistenz, um ihre Schritte ins Leere einer Wüste zu setzen, die mit jedem Schritt zu wachsen droht.

SCHAM

Nicht der Körper des Subjekts ruft Scham hervor. Es ist die Leere, die man seine Seele nennt.

NOTIZ AUS SEOUL

Die Seele als Fabrikat – mit Marx würde Benjamin von ihrer Warenförmigkeit sprechen. Sie ist nichts Gegebenes. Eher limitiert sie – aufgrund ihres Fabriziertseins – den Glauben ans Gegebene. Sie dementiert sich selbst. Ihre Funktion liegt im Aufbegehren gegen den Mythos der Substanz. Sie opponiert gegen ihre (angebliche) Nichtartifizialität. Baudelaires *Lob der Schminke* und Warhols Diktum *Ich glaube an Schönheitsoperationen* kreuzen sich in der Bejahung der Seelenlosigkeit des Subjekts, weshalb der Körper nicht Gefängnis der Seele und die Seele nicht Gefängnis des Körpers sein kann. Plato und Foucault treffen in Seoul aufeinander. Nicht um einen neuen Mythos an die Stelle des alten treten zu lassen, sondern um die mythenlose Substanz des Subjekts im

Horizont ontologischer Plastizität zu affirmieren. Zur Ästhetik der Existenz gehört, dass sich noch das Seele genannte Residuum dem Werden verschreibt. Es ist wie mit der Differenz von Gesicht und Maske. Bevor Nietzsche es aussprach, wussten die Griechen, dass ihre Unterscheidbarkeit zweifelhaft bleibt. *Cosmetic Surgery* rührt an die Ununterscheidbarkeit des Unterscheidbaren. Nichts ist künstlich, solange nichts natürlich ist. Der Unterschied von Echtem und Unechtem kollabiert. Das Künstliche kann nicht das Falsche heißen. Was hätte Benjamin zu Seoul gesagt? Dass die Seele der Stadt sich im Verzicht aufs Seelenhafte manifestiert, um mit Baudelaire aufzuschreien: »Son âme, sans cesse irritée et inassouvie, s'en va à travers le monde, le monde occupé et laborieux; elle s'en va, dis-je, comme une prostituée, criant: Plastique! plastique!«?[91]

VANITAS

Sie kann Flucht *aus* der Realität *in* sie sein – als Einsicht ins Vergebliche der Existenz.

EUPHORIE

Im Text zum Eiffelturm konnotiert Roland Barthes die Euphorie mit dem »Blick aus der Höhe«. Nichts sei »glückhafter«[92]. Es handele sich um das

Glück der Vogelperspektive, in der das Gesehene in Muster zerfällt. Analytisches Glück, »einen gut verknüpften Raum«[93] vor sich zu haben, das Quasi-Chaos strukturierter Mannigfaltigkeit. Beides kommt in den Blick: Ordnung *und* Chaos. Die Multiplizität des Sichtbaren lässt ihre Unsichtbarkeitsanteile nur erahnen. Euphorisch ist der Blick aus der Höhe, weil er sich ums Unsichtbare der vor ihm ausgebreiteten Realitäten betrügt. Wie jede Euphorie ist auch diese der Blindheit geschuldet. Sie verdankt sich dem Privileg der Fülle gegenüber der Leere. Der Reichtum des Sichtbaren verdeckt seine Kontingenz. Noch der analytischste Blick tritt synthetisierend auf, reduziert Daten auf Strukturen, kennt nur, was er erkennt. Kennen wird zur Mustererkennung. Trügerisch am Blick aus der Höhe ist nicht seine Überheblichkeit. Was ihn der Täuschung nähert, ist das Glücksgefühl, das er freisetzt, der »Panoramablick«, die Vorstellung, konstitutives Moment des Realen zu sein. Dabei schwingt in der Euphorie das dem Subjekt konstitutive Unglück mit, aus dem *einen* – inexistenten – Zusammenhang (*nexus*) gerissen zu sein. Es gibt ihn nicht. Oder: Er ist nichts als Fantasma. Was es gibt, sind zum *Aggregat*, wie Kant es nennt, zusammengeklaubte Elemente, von denen sich keines der synthetisierenden Autorität einer transzendentalen Apperzeption beugt. Das Cogito ist zersplittert. Es fügt sich keinem einheitlichen Bild. Seine Selbstadressierung gerät zur Selbstverfehlung. Am Grund der Euphorie wie an ihrem Ende öffnet sich die Leere. Sämtliche Anhaltspunkte gehen verloren. Die Erfahrung dieses Verlusts birgt den Keim möglicher Erkenntnis. Erst das Wissen ums Unwissbare erlaubt ein Minimum an Orientierung im Denken, solange Denken heißt, sich in der Orientierungslosigkeit zu orientieren.

PARIS

In Kafkas Reisetagebüchern die Bemerkung zu Paris: »Die Fremden erkennt man daran, daß sie oben schon auf dem letzten Absatz der Metrotreppe sich nicht mehr auskennen, sie verlieren sich nicht, wie die Pariser, aus der Metro übergangslos in das Straßenleben.«[94] In der Fremde ist das Gehen ein Zaudern. Der Einheimische gleitet »übergangslos« von hier nach dort. Sein Gehen ist frageloses Treiben im Strom der Evidenz. Er verliert sich im Vertrauten. Das ist, was wir Nicht-Denken nennen: von Reflexion ungebrochener Lebensschwung. Eingebettetsein im vertrauten Element. Die Situation des Denkenden aber ist die des Fremden. Er kennt den Weg nicht, zweifelt an seiner Richtigkeit. Auch deshalb ist Reisen eine Denkerfahrung. Sie reißt das Subjekt aus dem Gewohnten und konfrontiert es mit seinem Unzuhausesein. In der fremden Welt birgt jede Regung Gefahr. Denken heißt, sich dieser Gefahr auszusetzen, um Übergänge wahrzunehmen. Wer denkt, tut es als Grenzerfahrung. Mit jeder einzelnen blitzt Unvertrautheit auf.

KALEIDOSKOP

Statt der Vorstellung von Kohärenz anzuhängen, dem Paradigma gegebenen Sinns und verlässlicher Identität, bevorzugt Barthes das Modell des Kaleidoskops, das er ein *Spiel* nennt: »Man gibt ihm einen Stoß, und die Glasteilchen treten in eine andere Anordnung.«[95] Kaleidoskopisch wäre zunächst das Subjekt als Träger von Eigenschaften, die es verlieren kann. Es findet sich im Zustand unausgesetzter Redefinition. So bleibt es Substanz. Doch es handelt sich um eine löchrige Substanz, die derart exzessiv mit dem, was sie nicht ist, kommuniziert, dass sie als leeres Aggregat ihrer Attribute erscheint. Um diese Leere herum behauptet das Subjekt sein Sein. Als fragile wie konstante Entität. Den Zerrungen der Außenwelt, von der es immer schon durchschossen ist und laufend durchschossen wird, ausgesetzt, um kaum mehr als der Schauplatz der Neuanordnung ihrer Elemente zu sein. Es gibt ein Subjekt nach dem Tod des Subjekts, weil der Tod dessen Lebensform darstellt. Es lebt als lebender Toter die Kompossibilität von Leben und Tod. Das Kaleidoskop beschreibt eine Werdensdynamik, die kein Ende finden kann.

PAS MAINTENANT

Du musst alles aufs Neue lernen. Aber nicht jetzt.

EIN AUGE ZU VIEL

Dass »gesellschaftliche und historische Fragen als moralische abgehandelt werden«, findet Heiner Müller »prinzipiell falsch«. Er ergänzt: »Ich verstehe, wie das zustande kommt.«[96] Da ist das Problem der Entpolitisierung dieser Fragen durch Überpolitisierung, die Moralisierung darstellt und somit riskiert, die Komplexität der Lage zu ignorieren. Der Preis der Moral ist Einäugigkeit. Dabei sind bereits zwei Augen zu wenig. Immer braucht es ein weiteres Auge, auch wenn es nicht zwingend mehr sieht, während es mit den Sehgewohnheiten bricht, indem es als überzähliges in sie interveniert. Wirkliches Sehen beginnt mit der Präsenz dieses überzähligen Auges. Sehen heißt, mit mehr als zwei Augen zu sehen. Da ist immer ein Auge zu viel!

KLARSTELLUNG

Benjamins Drogenprotokolle feiern den Rausch? Eher sind sie Dokumente widerständiger Hellsichtigkeit. Oft kriecht das Bewusstsein in den hintersten Winkel der Wahrnehmung. Es bleibt Agent bei radikaler Passivität. Im Ornament verliert es sich, um ihm seine Logik abzuzwingen. Es treibt sich in den Wahnsinn, ohne ihm zu verfallen. Sein Taumeln ist trittfest. Man könnte von exaktem Schwindel sprechen. Ein Subjekt sieht sich beim Selbstverlust zu, um ihn zu dokumentieren. Benjamins Drogennotate verdanken sich exzessiver Luzidität.

HUNDEGLÜCK

Der apportierende Hund wird nicht müde, das immer selbe Spiel zu spielen. Es ist die Wiederholung, die am Leerlauf hindert. Solange es wiederholt aufgenommen wird, ist das Spiel nicht aus. Langweilig ist nur das Ende. Die Wiederholung bricht mit dem Zuende. Statt auf etwas Neues öffnet sie den Horizont auf die Sensation, dass es das Neue nicht gibt, oder nur als Wiederholung. Das Glück des Hundes, sagt Houellebecq, liegt in der Wiederholung. Er benötige keine Abwechslung. So nähere er sich dem Geheimnis des Glücks.

WAHRHEIT

Der Abgrund, der dich von der Wahrheit trennt, ist sie selbst.

NICHT OHNE GESPENSTER

Walter Benjamins Berlin-Erinnerungen schildern eine Stadt eher als Versprechen denn als Gegebenheit. Sich in ihr zu bewegen, bedeutet, sich in ihr zu verirren. Nur so hat sein Schreiben eine Chance, an ihrer Wirklichkeit nicht vorbeizusehen. Liest man seine *Berliner Kindheit um Neunzehnhundert*, gewinnt man den Eindruck, in ein Schreiblabor geraten zu sein. So abgeschlossen einzelne Texte des Manuskripts auch sein mögen, so stark kommunizieren sie untereinander. Man meint, sie tuscheln und wispern zu hören. Das Ganze brodelt noch und fügt sich nicht in eine endgültige Form. Man hat den labyrinthischen Zug von Benjamins Schreiben hervorgehoben. Man müsste ergänzen, dass jeder Text wie eine Kammer oder ein verwunschenes Zimmer an die Gesamtstruktur des zum Buch gewordenen Labyrinths anschließt. Leser und Leserinnen bewegen sich in ihm wie Figuren in Computerspielen. Überraschungen nicht ausgeschlossen, Gefahren und unverhoffte Begegnungen mit der Kinderfantasie entsprungenen Gespenstern ebenso nicht. Zweifellos war es das, was Jacques Derrida an Benjamin faszinierte: das Experimentelle seines Schreibens, die offene Form der von ihm generierten Textur. Benjamins Text franst in alle Richtungen aus. Er kommuniziert mit einem Außen, das er immer wieder neu in die Schreibbewegung einholt. Die Kindheitserinnerungen bewegen sich an der Trennscheide von soziohistorischer Realität und traumähnlichen Gespinsten. Benjamin schenkt beiden Dimensionen ungeteilte Aufmerksamkeit. Bereits hier, im Keim, seine metaphysische Poetologie: Sie vereint materielle Gegebenheiten mit der Kraft der

Einbildung, die den märchenhaften Aspekten des Wirklichen Rechnung trägt. Das verbindet Benjamin mit Robert Walser. Beiden gelingt es, inmitten des Weltwirklichen Gespenster zu empfangen. Sie sind Indizien einer nicht im Präsentischen aufgehenden Welt. Die Gegenwart von Gespenstern – ein Text der *Berliner Kindheit* ist *Ein Gespenst* überschrieben[97] – soll den Entzugscharakter des Wirklichen markieren, seine Unabgeschlossenheit. Keine Gegenwart ohne Gespenster! Weder bei Benjamin noch bei Walser oder Kafka. Ihre Texte geraten zu Gespenstergeschichten, insofern sie sich den Unschärfeanteilen der Welt öffnen, dem Zauber und den Geheimnissen, die sie für jeden bereithält, der sich ihr mit der Unbefangenheit des Kindes nähert, das den Tatsachenautoritäten kritisch gegenübersteht. Sinnliche Welt klappernder Geräusche und lockender Düfte. Welt, die ihrer Entzauberung widersteht, solange das Kinderbewusstsein sich in ihr, statt kenntnislos oder naiv, mit strenger Urteilsenthaltung und analytischer Sorgfalt bewegt. Bis in die Passagen-Arbeit hinein hat sich Benjamin der falschen Alternative von entweder Realismus oder Idealismus entzogen. Sämtliche seiner Texte exemplifizieren seine Bereitschaft, sich der Welt, ohne eine Sekunde aus ihr herauszufallen, mit der Unbekümmertheit desjenigen zu nähern, der ihr irgendwie nicht angehört.

WAS TUT BLANCHOT?

Dem Licht mit Licht antworten, im Namen irgendeiner Dunkelheit.

TRICKY

Denken ist der zum Scheitern verurteilte Versuch, mit dem Denken aufzuhören.

DER SÄKULARE KÖRPER

Statt Gott zu gehören, geht er im Diesseits auf. Er ist weder Gefängnis der Seele, noch hält ihn die Seele in Schach. Jenseits von Platon und Foucault wird der Körper zum ontologischen Substrat. Er ist Tempel täglicher Gesundheitsandacht, Äquivalent Gottes im Horizont von dessen Inexistenz. Spätestens mit der Renaissance, explizit und durchgängig im 19. Jahrhundert, übernimmt die Medizin theologische Funktionen. In ihrem Mittelpunkt steht das Fantasma der Unantastbarkeit. Nun ist es der menschliche Körper, der zum Gegenstand der Anbetung wird. Der ehemals Gott und der Seele zugesprochenen Unsterblichkeit soll der unsterbliche Körper entsprechen. Krankheit, Gebrechen, Alterserscheinungen werden als narzisstische Kränkungen verbucht. Im Gespräch mit Claude Bonnefoy zitiert Foucault einen Mediziner des 19. Jahrhunderts: »Im 19. Jahrhundert hat die Medizin das Heil ersetzt.« Er fügt hinzu: »Im 19. Jahrhundert hat die Bourgeoisie in der Medizin, in der Sorge um den Körper und die Gesundheit eine Art Alltagsrationalismus gefunden. In diesem Sinn lässt sich sagen, dass der medizinische Rationalismus die religiöse Ethik ersetzt hat.«[98] Es handelt sich um einen Rationalismus der Sorge, den es nur um den Preis des schlechten wie guten Gewissens gibt. Ein Gewissensrationalismus, immer bereit, sich vor einer höheren Instanz zu erklären und zu rechtfertigen. Bereit, sich zu seiner Sündhaftigkeit zu bekennen, um Buße zu tun. Eine Ethik der Selbstanklage fordert das Subjekt zu den Formen von Selbstdisziplinierung und Selbstoptimierung auf, wie sie heute im Fokus der Analysen des Selbstausbeutungskapitalismus stehen. Was die späten Seminare und Texte Foucaults unter den Stichworten *Sorge um sich* und *Ästhetik der Existenz* in den Blick nehmen, um es minutiösen Untersuchungen zu unterziehen, mündet nicht in der Forderung unausgesetzter Selbstverbesserung. Eher öffnet es den Raum einer von solchen Imperativen gelösten Subjektivität. Indem bereits der frühe Foucault die Vernunft als Instanz möglicher und faktischer Rationalität auf den ihr impliziten Wahnsinn öffnet, stellt er ihre Dualität infrage. Das gesamte Werk Foucaults bewegt sich auf der Trennlinie zwischen Vernunft und Wahnsinn, Analyse und Exzess. Sollte man den Ort seines Denkens benennen wollen, müsste von dieser Ununterscheidbarkeitslinie die Rede sein, die beide Dimensionen zusammenhält, indem sie sie voneinander trennt. Der säkulare Körper dagegen tut alles, um sich vom Wahnsinn zu trennen. Paranoisch und hypochondrisch sucht er alle Elemente auszumerzen, die seine illusorische Integrität annihilieren. Er ist der im eigentlichen Sinn religiöse Körper permanenter Selbstanbetung. Der dumme Körper des *letzten Menschen*, dessen Sorgeexzesse solche der Selbstsakralisierung sind. Wenn zutrifft, was Deleuze zu Foucault sagt – dass dessen Intelligenz der Dummheit Schaden zufügt –, dann auch der Körperreligion, der er, indem er ihr präzise Analysen widmet, gegen allen Anschein widersteht.

SUFI

Indem er sich um seine Achse dreht, umkreist der Sufi die Leere. Er kreist das Nichts ein, das er ist.

SCHRIFT

Wer die Gesetze der Sprache missachtet – dies bedeutet, zu schreiben –, bewegt sich auf den Abgrund der Insignifikanz zu. Die Bewegung kann beschwingt ausfallen. Sie ist Tänzeln der Schrift. Sie ertastet die Kanten der Fläche (des Papiers, irgendeines Untergrunds, zuletzt: der

Welt!), um – wie Tiere im Schnee – Spuren ihrer Durchquerung auf ihr zu hinterlassen. Immer geht es darum, die Solidität des Schreibgrunds zu prüfen, indem man ihn benutzt. Als sei die einzige Möglichkeit, zu schreiben, sich durch den Schreibprozess seiner Möglichkeit zu versichern, was der Selbstentsicherung des Subjekts aufs Subjektaußen entspricht. Zum Wagnis des Schreibens gehört, dass es die Grenze zum Kitsch, statt nur zu streifen, überschreitet. Bei Marguerite Duras zerfließt es zur Tränenschrift. Das Geschriebene löst sich im Schreiben auf. Oder in Schreien. Die Kargheit der Sprache bewahrt nicht vor Pathos, sie bringt es hervor. Dennoch ist es die Insistenz, der Pathosfalle nicht auszuweichen, die zu den einleuchtendsten Sätzen führt. Es geht um Verführtsein und ums Verführen – beim Schreiben. Mit Ideologiekritik kommt man nicht weit. Wenn Ideologie dazu aufruft, vom Denken zugunsten verführerischer Affekte abzulassen oder gar nicht erst ins Denken zu kommen, dann ist Schreiben nicht frei von Ideologie.

NOTIZ ZU FOUCAULT

Kaum ein Denker hat wie Foucault das Denken an die Gewalt geknüpft: Gewalt des Denkens, die sich den ökonomischen, kulturellen, sozialen, politischen Gewalt-, Kraft- und Machtverhältnissen stellt, im Verhältnis zu denen es operiert. Dieses

Sichstellen impliziert ein Anerkennen, das nicht mit Gutheißung verwechselt werden darf. In einer Stelle seiner *Archäologie des Wissens* bringt es Foucault in an den späten Wittgenstein erinnernden Sätzen auf den Punkt. Es geht um das ebenso analytische wie politische Infragestellen des Evidenzsystems, das wir Wirklichkeit nennen, das System der etablierten Gewissheiten und geltenden Regeln, der Bezugsrahmen, innerhalb dessen wir urteilen und agieren: »Man muß erneut jene völlig fertiggestellten Synthesen, jene Gruppierungen in Frage stellen, die man gewöhnlich vor jeder Prüfung anerkennt, jene Verbindungen, deren Gültigkeit ohne weiteres zugestanden wird.«[99] Foucault spricht von nichts anderem als von der Aporie jeden Denkens, sich den Boden unter den Füßen wegzuziehen. Zur Radikalität philosophischen Denkens gehört, dass es gegen seine Grundlagen vorgehen muss, weshalb es kein Denken gibt, das nicht an Unvernunft grenzt. Foucault ist sich dessen bewusst, dass Denken heißt, sich Exzessen hinzugeben, von denen man nicht wissen kann, ob man sich je von ihnen erholt. Das ist, was er eine Erfahrung machen nennt: dieser Schritt ins Namenlose, der das Subjekt seines Subjektseins entkleidet, um es Gewalterfahrungen zu exponieren, die es zu zerreißen drohen. Denken, das sich solchen Erfahrungen verschlösse, wäre kein Denken. Es assimilierte sich risikoloser akademischer Hermeneutik. Ebendies will der universitäre Diskurs kaum anerkennen, während er sich in Interpretationen historischer Texte ergeht: dass diese Texte das Produkt von Transgressionen des eigenen Begriffs- und Diskursmilieus sind, die das symbolische Feld des denkenden Subjekts gewaltsam infrage stellen, sodass es sich innerhalb dieses Felds kaum noch verorten kann. Denken impliziert nicht nur den Bruch mit diesem Feld und der identitären Verortung in ihm, es fordert den Bruch mit dem Bruch derart, dass es sich nicht einmal in der Diskontinuität oder Opposition, im Paradigma der Differenz und des Andersseins, einrichten kann. Wer denkt, riskiert, sein Denken an den ihm konstitutiven Wahnsinn zu verlieren.[100]

GESETZ

Als Schauplatz wuchernder Fantasien ist der Körper Bühne ihrer Entlegitimierung. Das macht ihn zum Gesetz.

CHIASMUS

Der Wahnsinn des Denkens – das gebietet seine Vernunft – darf nicht zwischen »mittelmäßigen Leben und verrückten Denkformen« wählen, konstatiert Deleuze, der diesen Chiasmus in »Kant und Hölderlin« exemplifiziert sieht. Mit Nietzsche insistiert er auf der »Einheit von Denken und Leben«.[101] Es geht darum, der Intensität des Vernunftabenteuers gerecht zu werden, indem man dem ihm konstitutiven Wahnsinn Rechnung trägt. Die Vernunft ist nicht vernünftig. Bei Hölderlin nicht, bei Kant nicht. Statt zwischen Kant und Hölderlin, Vernunft und Wahnsinn, Kommensurabilität und Inkommensurabilität zu wählen, beschleunigt wahres Denken aufs Alternativlose der Einheit dieser Register zu. Kant nennt Vernunft, was das Subjekt überstrapaziert, aus sich herausreißt, gegen das Kommensurable aufbegehren lässt. Die Vernunft lässt den Verstand des Subjekts explodieren. Es handelt sich um den Apriorismus einer Zerreißung, die das Subjekt qua Subjekt sprengt. Bereits der erste Satz der Vorrede zur ersten Ausgabe der *Kritik der reinen Vernunft* (1781) handelt davon. Zum Vernunftsubjekt gehört, Fragen nicht abweisen zu können, die es nicht beantworten kann, denn sie »übersteigen alles Vermögen der menschlichen Vernunft«.[102] Was Kant Vernunft nennt, ist der Sprengsatz seiner selbst. Und auch Hölderlin lässt die Sterblichen an den Abgrund ihrer primordialen Inkonsistenz reichen. Als endliche Subjekte sind sie der Absenz Gottes exponiert. In beiden Fällen reichen die Menschen an eine Leere, die als Synonym des vorgöttlichen Chaos gelten kann, einer Unendlichkeit, die mit der Inexistenz Gottes koinzidiert. Nie hat es Vernunftakte gegeben, die nicht zur Sprengung seines Namens beigetragen hätten. Nie war Denken etwas anderes als Auflehnung gegen das Mittelmäßige wie Göttliche. Nie hat es eine Verrücktheit gegeben, die nicht das Bild eines noch unbekannten Denkens in sich trug. Die Einheit von Denken und Leben, der sich Deleuze mit Nietzsche (und eben auch mit Kant und Hölderlin, statt mit Kant gegen Hölderlin oder mit Hölderlin gegen Kant) verschreibt, liefert den Maßstab aller Philosophie, die sich weder in begrifflicher Selbstnarkotisierung noch in vitalistischer Selbstüberhöhung entschärft. Damit das Denken seine Kraft nicht ans Bestehende verliert, muss es sich ihm widersetzen. Der Einsatz, mittels dessen es dies tut, wird konzeptueller wie außerkonzeptueller Natur sein. Denken heißt, das Undenkbare gegen seine begriffliche Vereinnahmung zu schützen, ohne sich in Obskurantismus zu ergehen.

RÜCKZUG

Die militante Sensibilität von Barthes, der vom Rückzug als »Anfechtung«[103] der Macht spricht. Der *Schritt zurück* muss nicht Feigheit darstellen. Manchmal ist er ein Beiseitetreten. Man tut so, als ginge man zurück, während man nichts tut, als nichts zu tun. Das ist Rückzug: Man gibt nicht einmal nach.

Derrida schreibt: »Der *Ökonomie des Krieges* entrinnt man nie.«[104] Woanders heißt es: »Es gibt nur Ökonomien der Gewalt.«[105] In beiden Sätzen drückt sich die Wahrheit aus, dass Krieg und Gewalt immer schon stattfinden, noch in der äußersten Harmonie (dort kaum ignorierbar!), in der Freundschaft und Liebe[106], in der Allianz und Konkordanz. Es gibt Ökonomien des Krieges und der Gewalt, bedeutet: Sie sind in variablen Intensitätsstufen überall präsent. Präsent im Herzen dessen, was Derrida die Metaphysik der Präsenz samt ihrer theoretisch-praktischen Derivate nennt. Dekonstruktion als Dekonstruktion der Präsenzmetaphysik impliziert die Insistenz auf der Unmöglichkeit konflikt- oder gewaltloser Kommunikation bzw. Interaktion. Intersubjektivität beinhaltet das Zwischen (*inter*) als den Raum irreduzibler Strittigkeit oder διαφορά. Indem Derrida Konflikt- und Gewaltlosigkeit im Namen dessen, was er die *différance* nennt, die Urspur und Urgewalt, als Illusion markiert, opponiert er gegen sämtliche Idealismen der Schönfärberei. Das emanzipatorische Moment der Dekonstruktion manifestiert sich im Zurückweisen narzisstischer Idyllik, im »Privaten« wie im »Öffentlichen«. Es geht darum, dem ebenso naiven wie funktionalen Irenismus zu widerstehen. Wenn es eine Chance der Gewaltminderung und -kontrolle gibt (es gibt sie in vielen Fällen tatsächlich!), dann hat sie die

Anerkennung struktureller Gewalt zu ihrer Voraussetzung. Wer glaubt, ohne Gewalterfahrung (die von ihm unbewusst oder gezielt praktizierte Gewalt eingeschlossen, und sei es die Gewalt der Sprache) durchs Leben zu kommen, verharrt im Infantilismus paradiesischer Pseudointegrität, den Freud Narzissmus nennt. Es mag kein Jenseits des Narzissmus geben (jeder bleibt von ihm heimgesucht), dennoch heißt Denken, die Unmöglichkeit solcher Intaktheit oder Integrität oder Unberührtheit zu markieren. Politisch an der Dekonstruktion ist ihre Weigerung, sich dem Fantasma der Reinheit, Gutheit und Unbeflecktheit (es durchzieht die gesamte abendländische Kulturgeschichte, die sich zwangsläufig auch als Gewaltgeschichte erweist) zu assimilieren.

NOTIZ ZU HEIDEGGER

Im Vorwort zur zweiten Auflage von *Kant und das Problem der Metaphysik* (1929) unterscheidet Heidegger zwischen den Aufgaben der »historischen Philologie« und den Notwendigkeiten des philosophischen Denkens. Die Philosophie kann der Philologie nicht entbehren, sie überschreitet sie zugleich. Es gibt sie nicht ohne Gewalt. Heidegger bezieht sich auf den gegen seine Auslegungen erhobenen Vorwurf der »Gewaltsamkeit«. Denken heißt nicht, mit philologischer Akribie dem Bedeutungsgehalt eines Textes nachzuspüren. Obwohl es auch das heißen kann, bedeutet es vor allem, dem Vertrauen aufs Bedeutungshafte zu widerstehen. Wer denkt, gibt Bedeutungsimperative zugunsten irritierender Bedeutungslosigkeit verloren. Heideggers Begriff des Denkens zwingt dieses in irreduzible Komplexität. Er spricht vom Denken als »Zwiegespräch«.[107] Es geht nicht primär um Verständigung. Missverstehen, Danebenliegen, Irrfahrt sind dem Denken konstitutiv. Im »Zwie-« des Zwiegesprächs waltet die Differenz.[108] Ihr gibt Heidegger eine Stimme. Seine Kantdeutung ist ein Beispiel dafür. Der Riss im Verstehen wird zum Gegenstand des Verstehens und jeder Verständigung. Da klafft ein Spalt, ein Abgrund, eine Leere (in Gestalt der transzendentalen Einbildungskraft). Sie markieren den ontologischen Inkonsistenzwert der Realität genannten Textur. Kein philosophischer Text wird sich ihnen entziehen können. Auch derjenige Kants nicht, in dem Heidegger das Zurückschrecken vor der ihm impliziten Einsicht ins Abgründige des menschlichen Gemüts erkennt. Jedenfalls insistiert er darauf, dass das denkende Zwiegespräch unter »anderen Gesetzen« stehe als die philologische Selbstvergewisserung: »Diese sind verletzlicher.«[109] Heidegger erweist sich als Denker der Verletzlichkeit. Die Präzision seiner Lektüren übertrumpft bestenfalls Derrida. Nicht im Sinne hermeneutischer Gewissenhaftigkeit, sondern als Lektion in schmerzlicher Präzision. Wer exegetische Genauigkeit fordert, darf sich philosophischen Schmerzen nicht verweigern. Denken heißt, sich Gesetzen zu beugen, deren Legitimität infrage steht.

WEHRLOS

Souverän an der Liebe ist ihre Wehrlosigkeit. Es sei schwer für Menschen, »mit Gespenstern ›Fangen‹ [zu] spielen«[110], konstatiert Kafka gegenüber Milena. Ist Liebe dieses Spiel? Man liebt, was man fangen will, ohne es zu können. Man ist »wehrlos, wenn man liebt«[111], sagt Canetti. Man lässt sich auf Gespenster ein. Das erfordert Mut.

ALIEN

Barthes bringt es auf den Punkt: Der »Hypernarzissmus« ist das »Begehren, nicht über, sondern außerhalb jeder Wertung zu stehen«.[112] Als gäbe es eine Zone wertfreier Realität. Und es gibt sie! Es ist immer noch die Wirklichkeit genannte Immanenz, jetzt aber aus dem Weltraum betrachtet, mit dem Blick des Aliens, der nicht rechnen will – weil er es nicht kann.

LUSTIG

Es genügt, keinen Schimmer von Philosophie zu haben, nicht einen einzigen Satz aus irgendeinem philosophischen Text für wertvoll genug erachtet zu haben, ihn zu lesen = aus ihm das Werkzeug kritischer Selbstbefragung zu machen, um sich durch eher lustige als blamable Verwerfung ihrer angeblichen »Kompliziertheit« oder »Abstraktheit« selbst zu demontieren.

HANDKE

»›Ich denke immer an dich‹ (Die Vorstellung, daß jemand immer an mich denkt, belästigt mich).«[113]

FIKTION

Bei Wittgenstein heißt sie *Sprachspiel* und *Lebensform*. Heidegger spricht von *Bewandtniszusammenhang*. Lacan sagt *symbolische Ordnung*. Rancière schlägt den Begriff *Fiktion* vor: »Eine Fiktion ist nicht die Erfindung einer imaginären Welt, sondern die Erstellung eines Rahmens, innerhalb dessen Subjekte, Dinge und Situationen als in einer gemeinsamen Welt koexistierend wahrgenommen und Ereignisse sinnvoll identifiziert und miteinander verbunden werden können. Fiktion ist immer dann am Werk, wenn ein

Realitätssinn hergestellt werden muss.«[114] Die Funktion der Fiktion liegt im Erstellen eines Konsistenzmilieus, innerhalb dessen die Subjekte nicht verloren gehen. Um nicht im Abgrund des Nichtsinns und der Bedeutungslosigkeit zu ertrinken, werden Fiktionen nötig, die Haltegriffe in der Haltlosigkeit des Lebens sind. Man darf sich nicht einbilden, es gäbe ein Leben ohne Fiktion. Deshalb betont Rancière, dass es sich nicht um Imaginäres handelt. Sämtliche Konsistenzattrappen, die die soziale, politische, ökonomische und kulturelle Realität konstituieren, sind Fiktionen, was nicht heißt, dass sie nicht existieren und ihnen kein Sein zukommt. Ihre Wirkungsmacht kann kaum überschätzt werden. Alles, was wir tun und denken, hängt von ihnen ab. Fiktionen entsprechen dem, was man die *Doxai* (Meinungen) nennt, etablierte »Wahrheiten«, die »wahr« sind, sofern sie als Realitätskonstituenten fungieren. Daher wird der Ausstieg aus dem System der Rituale, Konventionen und Abmachungen nicht gelingen; zumindest nicht als Ausstieg in eine *Freiheit* genannte Illusion, in der das Subjekt keinerlei Determinationen unterliegt. Das Subjekt taumelt in der vertrauten Welt. Nur hier kann es den Boden unter den Füßen verlieren. Es geht (sich) nicht im Jenseits verloren. Das Diesseits ist Problem = der Mix aus Fiktionen, der seine Welt ausmacht, das Vertrautheitsspektrum der ihm unbekannten Realität. Das hat nichts mit postmodernem Illusionismus zu tun (hat Postmoderne mit Illusionismus zu tun?). Wer nicht begreift, dass sämtliche intersubjektiven Realitäten von Fiktionen gerahmt sind, gibt sich Konsistenzfantasmen hin, die Chimären sind. Ohne Rahmung existiert kein Subjekt. Die Subjektform ist bereits Rahmen. Die Verneinung jeglicher Subjektkonsistenz ebenso. Ist alles Theater, Kulisse, ist alles Tatsache, Realität? Eine solche Alternative verfehlt die Problemlage, indem sie die Komplizität von *Sein* und *Schein* unterschlägt. Denken beginnt mit der Weigerung, sich auf diese Pseudoalternative anders als kritisch einzulassen. Kein Denken denkt aus dem Jenseits ins Diesseits. Auch die umgekehrte Perspektive ist keine Option. Denken heißt, der Fiktion anzuhängen, es gäbe ein Jenseits der Fiktionen, um sie unmittelbar zu negieren.

EMANZIPATION

Was das Subjekt, ohne es ihnen zu entheben, seine Abhängigkeiten entkräften lässt, *Emanzipation*, wäre – Spinoza, Nietzsche, Foucault, Deleuze und Negri haben es bekräftigt – Austritt aus dem Ressentiment, Verwerfung der Negativität, Ausstieg aus der Beleidigtheit und Viktimisierung, eines, statt passiven, aktiven Widerstands halber gegenüber allem, was die Emanzipationsdynamik hemmt. Emanzipation suspendiert den *Geist der Rache*. Reaktivität macht aus dem Subjekt das Nichtsubjekt der Reaktion, weshalb es sich aus der Abstoßungslogik befreien muss, um zur Bejahung einer von Negativität befreiten Freiheit zu gelangen. Man könnte sie Freiheit in objektiver Unfreiheit nennen. Sie wäre weder negative noch absolute Freiheit. Ihr wesentliches Merkmal: Flugbereitschaft. Deshalb können Deleuze & Guattari vom Überflug sprechen, den sie für Kunst, Philosophie und Wissenschaft reklamieren.[115] Im Überflug überfliegt das Subjekt das überflogene Territorium, ohne es zu verlassen. Es hält Kontakt zu ihm, indem es seinen Abstand zu ihm intensiviert. Und Intensität ist, wie jeder weiß, ein Synonym für (endliche) Unendlichkeit.

KATZENGOLD

Als gäbe es Katzen, die nicht schwarz sind! Michel Leiris weiß, dass sie Allegorien der »Undurchdringlichkeit eines Geheimnisses« sind, »das sich zwar berühren, aber durch keine Liebkosung antasten läßt«.[116] Sie versprechen tiefenlose Abgründigkeit, der sich das narzisstisch-romantische Subjekt identifikatorisch anvertraut. Hat man nicht verstanden, was die Rede vom Katzengold, das auch Narrengold heißt, meint? Beides ist Lüge (*vanitas*, Inkonsistenz): Katze und Gold!

REAKTIONÄRER NARZISSMUS

Oft fragt man, was schlimm am Narzissmus sei, schließlich sei niemand frei von ihm. Nichts ist schlimm am Narzissmus, doch seine Verkennung problematisch und folgenreich. Sie zeugt von einem für den narzisstischen Intelligenzverzicht typischen Mangel an Begriffsschärfe. Narzissmus hat nichts mit Selbstliebe zu tun. Er ist Verwerfung von allem, was das Imaginäre solcher Selbstliebe kompromittiert. Statt Liebe – Selbstliebe ist sie immer – auszudrücken, manifestiert sich durch ihn der sämtlichen Destruktionsfantasien aufgeschlossene Hass, den man Ressentiment nennt = die Unfähigkeit auf die Komplexität, Inkommensurabilität und Inkonsistenz des Wirklichen anders als gekränkt zu reagieren. Kein Narzissmus, der nicht sensibilistisch, anklägerisch, beleidigt aufträte = stumpf, pathetisch, selbstgerecht!

HANDSCHRIFT

Der Vorwurf der Unlesbarkeit trifft jeden Philosophen. Er setzt bei der Handschrift an, deren Chiffren Rätsel aufgeben, wie beim kaschierten Sinn des geschriebenen Texts. Als ob Lesen Dechiffrieren wäre und Schreiben die Vermittlung eines lesbaren Gehalts. Was das Schreiben und Lesen jenseits imperativischer Transparenz verbindet, ist die Erkundung der Intransparenz noch der transparentesten Textur. Nicht um auf einen Bedeutungskern, ein ἔτυμον, zu zielen, sondern um Transparenz als Falle zu markieren. Nichts ist intransparenter als die Transparenz, nichts rätselhafter als die Rätsellosigkeit. Wirkliches Schreiben resistiert der Diktatur der Lesbarkeit. Es setzt dem Obskurantismus der Lisibilität seine Grenzen, indem es sich der Unlesbarkeit des Sinns zukehrt. Wer schreibt, zollt den unterbelichteten Anteilen der Welt Tribut. Schreiben heißt, sich dem Glück eines gewissen Analphabetismus hinzugeben. Schreibend rührt das Subjekt an die Ränder der symbolischen Textur. Es tut dies, um die Klarheit des Denkens der Verständlichkeit des Nichtdenkens vorzuziehen. Das bringt ihm den Vorwurf der Unlesbarkeit ein: seine Weigerung, sich den etablierten Evidenzverhältnissen zu assimilieren.

AUSGESETZT

Kein Gedanke, der nicht dem »Getriebe«[117] ausgesetzt wäre, konstatiert Adorno. Was er damit auch sagt: Kein Getriebe, das nicht dem Denken ausgesetzt bliebe!

PROTEST

Walter Schulz nennt den »Protest« die »Mitte seines Denkens«. Adornos Philosophie sei eine des

Protests. Der negativen Dialektik gehe es um »Freiheit als Aufhebung von Zwang«[118]. Dass Negative dieser Dialektik, das in der Bestreitung möglicher Freiheit liegt, fällt dabei nicht unter den Tisch. Es entfaltet sich erst im Verhältnis zum Unmöglichen. Nie hat Adorno sich im Möglichen oder Positiven (Gegebenen) beruhigt. Sein Denken widerstrebt solcher Beruhigung. Negative Dialektik besagt, dass aufgeklärtes Denken es sich nicht erlauben kann, im Möglichen zu stagnieren. Wenn es eine sich über sich aufklärende Aufklärung gibt, dann im Protest gegen alles, was das Unmögliche durch Möglichkeitsimperative verdeckt. Zielpunkt des Denkens bleibt das ihm Verbotene. Im Protest wie in der Negativität steckt dessen Affirmation.

SEX

Intimität, die dich ins Außen reißt, ohne dass du wissen willst, wohin.

HAAR

Manche Sätze Paveses könnten von Kafka, Pessoa oder Wittgenstein sein: »Du hast dein Leben einem Haar anvertraut: schlage nicht um dich, sonst zerreißt du es.«[119] Alle drei wissen: Um dich ihm anzuvertrauen, muss es längst gerissen sein. Daher dein Vertrauen!

KAUM AUSZUHALTEN

Tagebucheintrag Kafkas vom 27. April 1915: »Unfähig, mit Menschen zu leben, zu reden. Vollständiges Versinken in mich, Denken an mich. Stumpf, gedankenlos, ängstlich. Ich habe nichts mitzuteilen, niemals, niemandem.«[120] Die Wucht der Äußerung verrät: Es handelt sich nicht um Hypersensibilität. Statt eines Gefühls ist Kafkas Soziophobie Ausdruck tieferen Wissens. Nicht nur weiß Kafka um die Vergeblichkeit von Kommunikation, er fürchtet, von ihr absorbiert zu werden. Daher sein Widerwille gegenüber dem Universum der Mitteilung, seine Distanz zur Domäne kommunikativer Assimilation. Kafka missachtet die Diktate, Konventionen und Rituale, denen sich sein Umfeld anvertraut, da sie ihn von sich selbst abzuziehen drohen, vom Schreiben, das sozialen Reglements widersteht, indem es deren Beliebigkeit vorführt. Schreiben heißt immer auch, in den Abgrund des Sozialtheaters zu leuchten. Was Kafka dort zu sehen bekommt, ist kaum auszuhalten: die atemberaubende Dummheit der Welt.

TOMZACK

Zu den zentralen Stellen von Robert Walsers *Der Spaziergang* (1917) gehört die Begegnung des Icherzählers mit dem Riesen Tomzack. Es handelt sich um »ein Ungeheuer, ein Ungetüm«, wie der

Text ausführt, um »einen lang- und hochaufgeschossenen unheimlichen Kerl«.[121] Wer ist dieser Tomzack, dessen Gestalt Befremden auslöst?

»Seine trauervolle, schauervolle Erscheinung, sein tragisches, ungeheures Wesen flößte mir Schrecken ein und nahm alle gute, schöne und helle Aussicht und alle Froheit und Freude von mir weg. Tomzack! Nicht wahr, lieber Leser, der Name allein klingt schon nach schrecklichen und schwermütigen Dingen. ›Was verfolgst du mich, was hast du nötig, mir hier mitten auf meinem Weg zu begegnen, du Unglückseliger?‹ rief ich ihm entgegen; doch Tomzack gab mir keine Antwort. Groß schaute er mich an, d. h. er schaute nur so von hoch oben auf mich herab; denn er überragte mich an Länge und Höhe um ein Bedeutendes. Ich kam mir neben ihm wie ein Zwerg oder wie ein kleines armes schwaches Kind vor. Mit der größten Leichtigkeit hätte mich der Riese zertreten oder erdrücken können.«[122]

Klar ist, dass es sich bei Tomzack um ein Monster handelt, das von einem unbekannten Fieber gepackt durch die Welt vagabundiert. Tomzack scheint über kein Wissen zu verfügen, wohin er sich bewegt. Auch seine Herkunft bleibt im Dunklen. Seine Gegenwart ist rätselhaft. Deshalb bemüht sich die Erzählfigur um Aufklärung:

»Ah, ich wußte, wer er war. Für ihn gab es keine Ruhe. Ruhelos ging er in der Welt umher. In keinem sanften Bett schlief er, und in keinem wohnlichen heimeligen Hause durfte er wohnen. Er hauste überall und nirgends. Heimat hatte er keine, und irgend ein Heimatrecht besaß er keins. Ohne Vaterland und ohne Glück war er; gänzlich ohne Liebe, und ohne Menschenfreude mußte er leben. Anteil nahm er nicht, und auch an ihm und an seinem Treiben und Leben nahm niemand Anteil. Vergangenheit, Gegenwart und Zukunft waren ihm eine wesenlose Wüste, und das Leben war zu gering, zu klein, zu eng für ihn. Es gab keinerlei Bedeutung für ihn, und er selbst wieder bedeutete für niemanden etwas. Aus seinen großen Augen brach ein Glanz von Überwelten- oder Unterwelten-Gram. Ein unendlicher Schmerz sprach aus seinen müden schlaffen Bewegungen. Er war nicht tot und nicht lebendig, nicht alt und nicht jung. Hunderttausend Jahre alt schien er mir zu sein, und es schien mir, als müsse er ewig leben, um ewig nicht lebendig zu sein. Er starb jeden Augenblick und vermochte dennoch nicht zu sterben. Kein Grab mit Blumen gab es für ihn.«[123]

Der Text nennt Tomzack ein »Phantom« und einen »bedauernswürdigen Koloß und Übermenschen«.[124] Es handelt sich um eine enigmatische Figur an der Schwelle zwischen zwei Welten, um einen aus den natürlichen Verhältnissen Verstoßenen, dessen Schicksal das Streunen zwischen Diesseits und Jenseits, Leben und Tod ist. Tomzack überragt nicht nur den Icherzähler, er ragt riesenhaft aus der Immanenz des Gewöhnlichen hervor. Als Übermensch hat er den Raum der menschlichen Proportionen verlassen. Hieraus resultiert seine Traurigkeit, die diejenige eines Wesens ist, das seine Singularität als Einsamkeit erfährt. Tomzack bewegt sich auf der Grenze zum Nirgendwo. Man könnte meinen, er allegorisiere das Subjekt als unvollständig aus der Welt gefallene Entität. Es scheint keine Kompatibilität zwischen ihm und der Welt zu geben. Nur Unverhältnismäßigkeit. Der Spaziergänger hat gute Gründe, dem Ungeheuer aus dem Weg zu gehen, denn es repräsentiert die Negativform seiner der Beschaulichkeit verpflichteten Existenz. Tomzack ist das moderne Subjekt par excellence: heimatlos, im Zwischenreich zwischen Bekanntem und Unbekanntem irrend. Unterwegs zu einer Zukunft, die Synonym ontologischer Kontingenz ist. Unerträglich an seiner Erscheinung ist, dass sie dem Erzähler die Wahrheit seiner Existenz vorführt: rastlos im Bekannten zu vagabundieren. Unheimlich an Tomzack ist, dass er weder der Sphäre der Immanenz noch derjenigen der Transzendenz angehört. Er ist eine Schwellen- und Übergangsgestalt, deren Vektor ins Namenlose weist. Man könnte Mitleid mit ihm haben. Es käme, wie jedes Mitleid, dem Selbstmitleid gleich. Deshalb muss, wer ihm begegnet, Tomzack so bald wie möglich vergessen. Mit seiner monströsen Präsenz, die der eines Gespenstes gleicht, ist dem Spaziergänger seine Wahrheit über den Weg gelaufen, sodass er alles dafür tut, die Erinnerung an diese Begegnung zu löschen, was ihm nur gelingt, indem er in Bewegung bleibt, um sich, absichtsvoll oder im Modus der Flucht, der gespenstischen Wahrheit seiner Existenz zu nähern.

OHNE GOTT

Hegels Systementwürfe entsprechen einer nicht gänzlich unverlässlichen Architektur. Dennoch bleibt da immer dieses Loch, um das die Systempartikel kreisen. Die Selbstabrechnung mit den romantischen Anfängen setzt sich im Systembau fort. Sein Denken schraubt sich in den Himmel ohne Gott. Es beteuert seine Leere. Da ist nichts. Keinerlei Besitz. Nichts als das Nichts, das nach Artikulation verlangt: Sprache. Sprechen heißt dem Nichts mit Sein antworten. Das hat nichts mit Romantik zu tun. Das ist Philosophie.

SEXUALDIALEKTIK

»Mein Körper«, sagt Foucault, »ist das genaue Gegenteil einer Utopie.« Er ist »eine gnadenlose Topie«.[125] Wohin ich mich auch bewege – und sei es in Träumen –, er folgt mir überallhin. Was auch heißt, dass jede Theorie der Sexualität eine Theorie des Körpers impliziert: seiner Ausdehnung, Physiognomie, Kapazitäten, Funktionen und Gebrechen. Dennoch gibt es eine lange Tradition seiner Verneinung, Disziplinierung, Einschränkung, Verwerfung. Die »traurige Topologie des Körpers« soll dem »große[n] Mythos der Seele«[126] weichen. Denn der Körper ist schmutzig, sein Körpersein Problem. Ich teile ihn mit den Tieren. Oft bereitet er Scherereien. Das Seelennarrativ soll mich vor ihm schützen. Wer von der Seele spricht, meint Außerkörperliches. Die Seele mag in meinem Körper wohnen, doch sie selbst – zumindest will es die religiöse Narration so – ist nicht körperlich: »Sie ist schön, meine Seele, sie ist rein, sie ist weiß. Und wenn mein schmutziger – oder jedenfalls nicht sehr sauberer – Körper sie beschmutzt hat, gibt es eine Kraft, eine Macht, eine Vielzahl heiliger Handlungen, die ihre ursprüngliche Reinheit wiederherstellen. Sie wird lange und sogar noch länger als lange Bestand haben, meine Seele, wenn mein Körper in Verwesung übergeht. Es lebe meine Seele! Sie ist mein leuchtender, gereinigter, tugendhafter, lebendiger, beweglicher, warmer, frischer Körper. Mein glatter, kastrierter Körper, rund wie ein Stück Seife.«[127] Dem Seelenmythos korreliert der Mythos der Reinheit, zu dem der Glaube an Integrität gehört. Als existierte mein wahres Selbst nur als jungfräuliches. Jean-Luc Nancy, der von der Ausdehnung der Seele ins Körperhafte spricht, ist der Theoretiker der Berührung, des anfänglichen oder voranfänglichen

Kontakts; wie Derrida, dessen Dekonstruktion die originäre Kontamination des Subjekts demonstriert, seine unmögliche Reinheit. Die Seele ist eine Erfindung des Körpers. Doch ist der Körper selbst eine rätselhafte Entität. Im Austausch mit seinem Außen kommuniziert er mit allem, was er nicht ist. Er ist der Prozess dieser wortlosen Kommunikation. Guattari und Deleuze sprechen von Chaosmose: Austauschverhältnissen mit dem Chaos, die den Leib in eine Werdensdynamik reißen, die ihn konstituiert. Zum körperlichen Sein gehören Turbulenzen, Transmutationen und Rekonfigurationen, die ihre Impulse vom Außen empfangen. Bedenkt man, dass die Psychoanalyse eine Seelenlehre darstellt, die den Konnex des Subjekts mit seiner Libido buchstabiert, wird einem klar, wie sehr die Seele genannte Instanz libidinösen Kräften unterliegt. Der Körper ist ein System von Öffnung und Verschließung: »Unverständlicher Körper, leicht zu durchdringender und opaker Körper, offener und geschlossener Körper.«[128] Im Sex artikuliert sich dieses Wechselspiel von Innen und Außen, die Verklammerung von Körper und Seele als Dialektik von Identität und Differenz. Daher die sexuelle Temperierung von Hegels Phänomenologie. Sie reflektiert den Sexualakt in seiner einfachsten Ausprägung: die Gespanntheit des Begehrens, den Verlust im Anderen, Besitzergreifung und orgastische Erlösung, bis hin zur postkoitalen Depression.

SIGNIFIANT MAÎTRE

Was Lacan den Herrensignifikanten (*signifiant maître*) nennt, ist die Instanz, durch die sich Wirklichkeit konstituiert. Der heutige Herrensignifikant ist die Wirklichkeit selbst. Sie stabilisiert sich durch sich selbst. Die Rechnung geht nicht auf, weil Wirklichkeit – immer schon – der Name der Verdeckung des wirklichen *signifiant maître* ist: der Leere, die jedes Signifikanten- und Herrschaftssystem unterminiert. Sie *ist* überall. Im Wirklichen blitzt sie – als dessen Unwirklichkeit = Wahrheit – auf.

TRIUMPHALE SELBSTVERKLEINERUNG

Liest man Canettis Aufzeichnungen zu Kafka, gewinnt man den Eindruck, er wolle ihn an Nichtigkeit (im Kleinsein) übertreffen, indem er Sätze schreibt wie den: »Ein Wort von Kafka wiegt tausend von mir auf, das ist nachsichtig gerechnet, eher sind's zehntausend.«[129]

BEGEHREN

Das anorektische Begehren fiebert dem Nichts zu. Die Psychoanalyse weiß, dass es zu verschlingen trachtet, was nicht existiert. Durch Internalisierung der Leere wird es leer. Freud meint, es verweigere die Trauerarbeit, die zum Überleben gehört. Daher seine Intensität. Man kann das Narzissmus nennen, oder Melancholie. Doch es handelt sich um mehr. Die Dynamik des Begehrens ist der Leerlauf. Es gibt Begehren nur als Begehren des Begehrens. Es dreht sich um sich. Das ist der erste Aspekt. Der zweite besteht darin, dass es, indem es das Nichts empfängt, Platz für den Anderen schafft. Sein Fieber steigert sich zum Selbstverlust. Es beginnt, sich aufzulösen. Sosehr es – narzisstisch – hofft, dem Moment der Selbstauflösung beizuwohnen – schließlich geht es darum, sich beim Sterben zuzusehen –, so wenig gelingt es ihm. Das Begehren kann Liebe sein, deren Intensität zur Berührung des Anderen führt. Wie jeder weiß, genügt ein winziger Kontakt, um den Kopf zu verlieren. Plötzlich bin ich meiner Identität beraubt. Mein Verlangen hat mich zum Gespenst gemacht. Ich verstehe die Welt nicht mehr.

NOTIZ ZU SCHOPENHAUER

Am Grund der Libido: nicht der Wille zur Steigerung der Affekte, sondern ihrer Löschung = der Todestrieb. Freud irrt sich nicht, wenn er Nietzsche widerspricht, um Schopenhauer beizuspringen. Sich vom Trieb oder Willen befreien, um das Nichts zu empfangen – widerstandslos, ohne den Einspruch der Leidenschaft oder Vernunft –, könnte eine Definition von Denken und Leben sein. Die Libido kommuniziert mit dem Ungrund. Sie hält Kontakt zum Nichts.[130] Kein Genießen, das nicht Nichts-Genießen wäre. Der Nihilismus ist der Sexualität inhärent. Daher die Erleichterung des Asexuellen, angeblich nicht an ihr zu partizipieren. Dabei ist die Asexualität die ins Asketische getriebene Libido, die nach Erlösung schreit. Von hier an wird's religiös. Der Nichts-Kontakt läuft unter Glaube. Gott ist ein weiterer Name fürs Nichts, das Lacan das Reale nennt. Und Heidegger? Unter Umgehung Schopenhauers, den er als Philosophen kaum anerkennt, meditiert er übers Wollen, das das »Nicht-Wollen« wolle, um die Identität von Denken und Trieb zu übersehen.[131] Begehren oder Libido zu dem hin, wie Nancy sagt, »was Kant das Unbedingte nennt«.[132] Da ist der Wunsch, sich vom Unbedingten zu befreien, um sich ins Gefängnis des Bedingten zu retten. Endlich in objektiver Unfreiheit aufatmen. Sie koinzidiert mit dem Tod des Denkens. Der unbedingte Wille mit dem Denken des Unbedingten aufzuhören, ist libidinöse Fantasie.

WAHRHEITSLÜGE

Foucault konnte ihn mit der »Versessenheit auf die Geheimnisse«[133] konnotieren. Der Sex soll sich auf ein Rätsel öffnen. Er stützt sich auf das Fantasma verborgener Wahrheiten. Es gibt einen Kult der Entzauberung, der sich mit ihm verbindet. Angeblich handelt es sich um die Entschlüsselung tiefer Wahrheiten. Vielleicht musste er sich als eine Geheimsprache konstituieren, weil er die Oberflächen funkeln lässt wie keine andere Form der Intersubjektivität. Sein Geheimnis dürfte in seiner Geheimnislosigkeit liegen. Er gewinnt der stumpfesten Fassade eine Tiefe ab, die man Wahrheit nennt. Im Sex triumphiert die Wahrheit über die Lüge, indem sie sich als Lüge erweist. Kein Sex ohne Wahrheitslüge. Keine Wahrheit, die den Sex aus den Augen verlöre. Keine Lüge, die nicht an die Wahrheit rührt.

CHIMÄREN

Oft nimmt das Außen die Züge der Innerlichkeit an. Es wird unsichtbar, wie ein weißer Fleck auf einer weißen Wand. In seltenen Momenten zeigt es sich. Als kaum wahrnehmbare Differenz zum Gewohnten tritt es als das Ungewöhnliche hervor. Seine Präsenz nimmt die Züge des Unheimlichen an. Unheimlich ist nicht das ganz andere. Unheimlich ist das Vertraute in seinem Unvertrautheitswert. Freud und Cavell haben darüber geschrieben.[134] Überträgt man es auf die Liebe, dann erweist sie sich als Erfahrung solcher Unvertrautheit. Im Herzen der Intimität bricht Extimes hervor: das Lacan'sche Reale = immanente Transzendenz. Wirkliche Intimität und Liebe öffnen den Raum fürs Gespenstische. Es geht darum, mit an Erwartungslosigkeit grenzender Erwartung Gespenster zu empfangen. Das gilt auch fürs Denken. Es schafft einen Leerraum inmitten der Bedeutungszone: Szene möglicher Emergenz des Unwahrscheinlichen oder Unmöglichen, das nie weg war. Es persistierte hier, neben dir, an deiner Seite, noch in den Momenten seiner Negation. Das Denken verbindet mit der Liebe, Affirmation jener Inexistenzen zu sein, die wir Phantome nennen, oder Chimären. Es gilt, sie aus dem Schattenreich ihrer Unwirklichkeit ins Wirkliche zu holen, ihnen Asyl in einer Wirklichkeit zu gewähren, die sich ihrer Bekämpfung verdankt.

DIE FREIHEIT, NICHT ERWACHSEN ZU SEIN

Ich bin nicht der, für den ihr mich haltet – wiederholt insistiert Foucault darauf. Weder bin ich, wo ihr mich sucht, noch bin ich identisch mit dem, den ihr zu finden hofft. Ich bin ein anderer und ich bin anderswo. Ich bin weder identisch mit meinem Namen noch mit meinen Fantasien. Ich habe mehr als eine Identität.[135] Statt von einer Vielzahl von Masken verdeckt zu sein, sind sie es, die mein Gesicht verbirgt! Mein Selbst ist polymorph. Man wird keine Wahrheit in ihm finden, wie es der psychoanalytische Diskurs zu können glaubt. Jedes Kind entzieht sich dessen Lesart, sosehr man ihm Transparenz unterstellt. »Man sagt« – bemerkt Foucault 1977 im Gespräch mit Bernard-Henri Lévy – »das Leben der Kinder ist ihr sexuelles Leben. Vom Schnuller bis zur Pubertät geht es um nichts als das. Hinter dem Wunsch, lesen zu lernen, oder dem Spaß an Comics steht einzig und allein die Sexualität. Sind sie sicher, daß dieser Typ von Diskurs tatsächlich befreiend wirkt? Sind sie sicher, daß er nicht die Kinder auf eine Art sexuelle Insel verbannt? Und wenn die nun darauf pfeifen würden? Wenn die Freiheit, nicht erwachsen zu sein, gerade darin bestünde, nicht dem Gesetz, dem Prinzip, dem letzten Endes so langweiligen Gemeinplatz der Sexualität zu unterliegen? Wenn die Dinge, die Leute, die Körper polymorphe Beziehungen haben könnten – wäre das nicht Kindheit? Dieser Polymorphismus, den die Erwachsenen, um sich zu beruhigen, Perversität nennen und mit dem Grau in Grau ihres eigenen Sex überstreichen.«[136] Foucault lässt keinen Zweifel daran, dass der Sex von der Sexualität überschattet bleibt, wie die Kinder von den Erwachsenen und die Unschuld vom Gesetz. Der Polymorphismus sprengt die μορφή (Form), um den Sex den Diktaten der Sexualität zu entziehen, indem er ihn für Experimente, Allianzen und Unwägbarkeiten öffnet, die kontingent bleiben – statt ihn festen Regeln, kontrollierten Abläufen, fixen Mustern und eingefahrenen Choreografien zu assimilieren. Wir sind nicht unser Sex, weil der Sex – wie die Kinder gegenüber den Erwachsenen – das Vermögen der Nichtidentität darstellt, die Weigerung, man selbst zu sein, kompatibel mit einer Wahrheit, von der man behauptet, sie sei unser Wesen oder Gesetz. Das ist sie nicht. Und eben das ist es, was der Sex an Wahrheit mit sich führt, indem er sämtliche Wahrheiten erodieren lässt. Analog zur Sexualität der Kinder ist die Wahrheit polymorph. Sie ist ein Archipel, keine Insel. Felsenkette, nicht Bergmassiv. Öffnung, statt Schließung. Freiheit jenseits diktatorischer Befreiung, wie der Sex, der etablierten Sexualdispositiven widersteht.

NOTIZ ZU ALTHUSSER

Die »Paradiesschlange« ist die »Raupe der Göttin Vernunft«[137], schreibt Ernst Bloch. Sie entführt aus dem »Garten der Tiere«. Der Sturz aus ihm reißt ins Unglück, Mensch zu sein. An ihm nagt untilgbare Schuld. Er flüchtet ins Pharmazeutische. Kein Mensch ohne Apotheke! Die Droge verspricht, was sie nicht halten kann: Regression ins Vorwissen, animalische *beatitudo*, glückende Ohnmacht = ins nackte Dasein gesenkte Existenz. Louis Althusser sagt, dass Lacan keinen menschlichen »Naturzustand« kenne, solange der ans »Paradies der ›polymorphen Perversion‹«[138] geknüpft sei. Lacan ist weder Romantiker noch Idiot. Seine Sexualontologie geht über die Psychologismen hinaus, deren Funktion in der Reduktion sexueller Komplexität besteht, um sich als paradiesische Ideologie zu präsentieren. Mit der Geburt – eigentlich längst vor ihr – ist das Subjekt Normierungen ausgesetzt, der Diktatur des Symbolischen, der Macht des Existierenden, der Effizienz des Sinns. Ist Lacan, indem er es weiß, weniger humanistisch? Zweifellos. Aber deshalb ist er nicht inhuman! Mit dessen ersten Schreien bemächtige sich das Gesetz des rebellischen Kindes. Bereits Kafka ahnt: Geboren werden heißt mit dem Sterben beginnen – unter Aufsicht einer Instanz, die verbietet, lebendig zu sein.

ILLUSION

Erfolgreichste aller Illusionen: dass Illusionen illusorisch seien.

SYNTAGMA

Giorgio Agamben bemerkt, dass das Syntagma *ich liebe dich* eine gewisse Leere beibehält. So entschieden dieser Performativ ausfällt, so sehr lässt er in der Schwebe, worum es geht. Unzweifelhaft ist, dass »seine Bedeutung mit dem Akt seiner Äußerung zusammenfällt«.[139] Liegt nicht darin die Schönheit dieses Akts? Wer *ich liebe dich, ti amo, je t'aime, i love you* etc. sagt, ballt seine Existenz für den Moment einer apodiktischen Sekunde zu etwas Ewigem zusammen. Ewig, nicht im Sinne temporaler Extension, sondern im Sinne punktueller Intensität. Sekunde, die das Unendliche enthält. Man muss kein romantischer Trottel sein, um sich von der Schönheit performativer Liebesontologie berühren zu lassen. Die Liebe rührt ans Unmögliche, indem sie seine Unhintergehbarkeit deklariert.

IDEOLOGIE

Gängigste aller Ideologien: dass der Ausstieg aus der Ideologie gelingt! Einer der schönsten Sätze aus *Mille Plateaux* lautet: »[...] es gibt keine Ideologie und es hat nie eine gegeben.«[140] Deleuze und Guattari fahren fort: »Wir sprechen nur noch von Mannigfaltigkeiten, Linien, Schichten und Segmentaritäten, von Fluchtlinien und Intensitäten, von maschinellen Gefügen und ihren verschiedenen Typen, von organlosen Körpern und ihrem Aufbau, ihrer Selektion, von der Konsistenzebene und den jeweiligen Maßeinheiten.«[141] Die Funktion der Ideologie der Ideologie liegt darin, sich hastig außerhalb des Ideologischen zu positionieren. Sie impliziert die Konstruktion eines Außen, von dem aus Ideologiekritik unkritisch operieren kann (oder glaubt, es zu können). Weil es kein Jenseits der Ideologie gibt, hat es nie eine gegeben. Was zutage tritt, sind Denkverzicht, Unterkomplexität, gesteigerter Anpassungswille, Mangel an analytischer Intelligenz. Die einzige Ideologiekritik, die es wert ist, als solche bezeichnet zu werden, ist diejenige, die sich *in actu* dementiert. Der aktive Denkverzicht, samt politisch motivierter Selbstentpolitisierung sowie pseudokritischer Plumpheit, die sich als hyperkritisch missversteht, hat heute Konjunktur. Im Feld der Theoriebildung, in der Kunstkritik und im Kulturjournalismus, wie in der Kunst insgesamt, ist die Bereitschaft, sich Theoriemoden anzuschließen, eklatant. Man sagt *performativ* und wähnt sich auf der richtigen Seite. Denn *performativ* ist ein gutes Wort! Sagt jemand *Biopolitik* oder *Anthropozän*, schreien alle *Biopolitik* und *Anthropozän*! Dass Linkskonformismus (Nancy spricht vom »Konformismus der linken schönen Seelen«[142]) immer noch ein Konformismus ist und damit kaum noch links, will man nicht wahrhaben. Das Gefühl, mit den richtigen Leuten das Richtige zu sagen und zu tun, befreit von der Arbeit der Reflexion. Dabei impliziert doch Linkssein Kritik der Kritik, die sich das Wissen um ihre Gelenktheit nicht erspart. Weil Kritik hypothetisch bleibt, ist sie nicht von der Reflexion auf ihre Blindheitsanteile suspendiert. Indem Deleuze und Guattari die Existenz von Ideologien bestreiten, schlagen sie den ebenso notwendigen wie unmöglichen Ausstieg aus der gängigsten aller Ideologien vor: der Ideologie der Ideologie.

INTENSITÄT

Edgar Morin nennt sie eine Intensitätsbeziehung.[143] Er assoziiert die Liebe mit der pascalschen Wette. Ihr Würfelwurf gleicht russischem Roulette. Wer sich auf Wette, Würfelwurf, Roulette einlässt, tut es im Bewusstsein, verlieren zu können. Hierin liegt die Wirklichkeit der Liebe jenseits von romantischer Exuberanz. Ihr entspricht strenge Luzidität. Ihre Intensität verdankt sie dem Grenzgang am Abgrund des Scheiterns. Statt kindische Selbstpoetisierung ist sie präzise Kopflosigkeit. Deshalb schließen sich Intelligenz und Liebe nicht aus. Der Gegenstand der Liebe ist die Lüge, die in ihrem Herzen persistiert. Man muss die Liebeslüge lieben, um kein Tölpel zu sein. Es geht nicht um Synthesis, Komplementarität und Harmonie. Liebende bewegen sich von unterschiedlichen Seiten auf die von ihnen geteilte Grenze zu. Die kaum synchrone Berührung dieser Grenze setzt Intensitätseffekte frei. Der Begriff der *Intensitätsdifferenz* ist ein Grundbegriff von Deleuze und Guattari (*Mille Plateau* [1980] handelt durchgängig von der Liebe!). Nicht Emma Bovary, sondern Kleists Penthesilea ist exemplarisch für eine Liebesintensität, die den Kontakt zum Außen sucht, statt sich in Fantasmen zu zerstreuen. Keine Liebe ohne ein infinitesimales Quantum Intensität.

LACHEN

»Fast den Mut verloren«[144], notiert Kafka in einer Reisenotiz vom Juni 1912. Fast, nur fast – wie immer bei ihm. Die Entmutigung bricht ab, bevor sie eintritt. Kafka verbietet sich Verzweiflung. Gelingendes Scheitern ist keine Option. Daher sein Lachen: vor Mut!

NARZISSMUS

Die in sich gekrallte Leere, die die Psychoanalyse hoffnungslos nennt.

SCHÖNE SEELE

Der Narzissmus des kalten Herzens ist kein Gegensatz zur Gefühlsreligion. Er ist ihr Komplement. In ihm drückt sich die Unfähigkeit aus, auf der Höhe komplexer Intersubjektivitätsverhältnisse zu agieren. Hegel verbindet mit ihm die Position der schönen Seele. Sie ist derart in ihr Selbstbild verhakt, dass es ihr nicht gelingt, das ihr inhärente Außen in ihre Imago zu inkludieren. Die schöne Seele zerfließt in schwindsüchtiger Erwartung des Unmöglichen. Mit kalter Eleganz opfert sie sich auf dem Altar der Selbstverfehlung. Der Genuss muss unermesslich sein. Man kann ihren Blick ins Leere nur als Produkt pathetischer

Ahnungslosigkeit interpretieren. Sie schaut ins Nichts, um an der Leere vorbeizusehen – und merkt es kaum! Weiss sie es? Die Frage bleibt unbeantwortbar. Weiß das Nichtdenken, dass es nicht denkt? Im pathetischen Narzissmus zerfallen sämtliche Kategorien. Man kann ihn nur von Außen denken. Aus der Position einer anderen Kälte als derjenigen des frostigen Herzens. Mit dem Blick des Analytikers, der das Kältepathos der schönen Seele als das entlarvt, was es ist: Angst!

LINKES DENKEN

Barthes spricht es unverblümt aus: Es gäbe auch einen »arroganten linken Diskurs«. Diese »Verschiebung der Arroganz hin zur Linken« mache den »Kern« seines »persönlichen Problems aus«.[145] Er stellt dies 1975 fest. Linkssein im Sinne Barthes' bedeutet, gegen sich selbst feuernde Kritik statt selbstgerechte Arroganz. Die Selbstimplikation des kritischen Subjekts in die kritische Dialektik definiert es erst als links statt als dogmatisch, autoritär und rechthaberisch. Die Voraussetzung für den Eintritt in diese Dialektik, die auch Adorno proklamiert, ist die Bereitschaft, nicht für sich zu reklamieren, auf der *richtigen Seite* zu stehen (es gibt sie nicht, so wie es keine Sonne ohne Schatten gibt!). Denken muss auf der Komplexität der von ihm behandelten Realitäten beharren. Das heißt nicht, dass keine Positionierung – sei sie politisch, ästhetisch, philosophisch etc. – möglich sei. Es bedeutet, dass linkes Denken sich den Komfort gedankenloser Komplexitätsreduktion auch dann nicht erlauben kann, wenn es zu dieser Reduktion gezwungen zu sein scheint. Ein einziger Satz ist immer ein Satz zu wenig. Es bedarf einer Unzahl von Sätzen, deren Aussprache oder Niederschrift der Komplexität von Wirklichkeiten gerecht werden muss: durch dialektischen Widerstreit, dessen Abschließbarkeit ungewiss bleibt. Denken heißt gegen sich selbst denken, ohne zu bestreiten, dass es darum geht, Position zu beziehen. Es ist eine Frage der Ökonomie. Sie zwingt das Subjekt in den Exzess seiner selbst. Es muss sich in ein kriegerisches Verhältnis zur eigenen Axiomatik setzen. Nur so hat es eine Chance, der Versuchung zur Selbstverfestigung zu entgehen. Politische Sensibilität, Genauigkeit und Entschiedenheit verdanken sich der Öffnung aufs Gegenargument, nicht um irgendeinen Konsens zu erzwingen, sondern um die Strittigkeit als Merkmal des Wirklichen und damit auch des ihr korrelierenden Diskurses zu demonstrieren. Gibt es ein nichtarrogantes Denken? Wohl kaum. Es gibt Denken nur als Bereitschaft, arroganter Selbstgefälligkeit mit kritischer Sensibilität zu widerstehen.

NOTIZ ZU GRÜNBEIN

In *Aus der Traum (Kartei)* spricht Durs Grünbein vom »Zeilenbruch als Bruch mit der Wirklichkeit, die mich immer umgibt«.[146] Die Literatur bricht mit der Situation, aus der sie kommt. Sie kompromittiert ihre Herkunft, widersetzt sich ihrem Ermöglichungsgrund. Das gilt auch für die Philosophie, die sich ihren Umständen entzieht. Täte sie es nicht, wäre sie nichts als deren Reflex. Spiegel, in dem sich nur das Gegebene reflektiert. Sie machte sich verzichtbar, indem sie sich ins situative Gefüge integriert. Entscheidend an Kunst und Denken aber ist der Bruch mit der Bruchlosigkeit, die Resistenz gegenüber der Versuchung, sich im Sinnspektrum zu narkotisieren. Keine Kunst ohne Wachsamkeit und Widerstand. Im *The Rolling Stone Interview* mit Jonathan Cott konstatiert Susan Sontag 1979: »The greatest effort is to be really where you are, contemporary with yourself, in your life, giving full attention to the world. That's what a writer does. I'm against the solipsistic idea that you find it all in your head. You don't.«[147] Man muss von sich selbst absehen, um aufmerksam zu sein. Man versucht zu verstehen, was um einen herum passiert, in welcher Situation man steckt, wie es dazu kam, was es bedeuten könnte, welchen Diktaten man (unbewusst oder beabsichtigt) folgt. Man beginnt, mit allen Sinnen zu denken. Denken ist kein ausschließlich rationaler Akt. Der Körper ist involviert, Emotionen und Sinne, der gesamte Organismus wird aktiviert.[148] Sontag hat recht, darauf zu bestehen, dass Solipsismus und Quietismus den Mangel an Bereitschaft ausdrücken, die Scheinevidenzen zu prüfen, gegen das Evidenzsystem, das die ideokulturelle Textur ist, aufzubegehren, dass sie also nicht das Wagnis eingehen, etwas anderes zu sehen als die bekannte Welt. Man muss begreifen, dass dieses Aufmerken mit allen Sinnen einen Denkakt darstellt statt Überempfindlichkeit. Es ist ein politischer Akt, bevor er sich politisch kategorisieren lässt. Politik der Sinne, jenseits der gängigen politischen Kategorien. Es geht nicht um Tagträumerei. Es geht darum, mit dem Traum, der Wirklichkeit heißt oder Realität, zu brechen. Aus ihm zu erwachen, um mit den Mitteln einer ebenso fantastischen wie nüchternen Aufmerksamkeit Bilder eines anderen Träumens zu generieren, eines Traums jenseits der Träumerei. Trügerisch ist nicht die Fantasie, trügerisch ist das Bild einer Wirklichkeit, das suggeriert, es existierte ohne sie. »In Bildern zu denken, das Innere [und eben Äußere] wie eine Landschaft zu ergründen, das ist meine Art«, schreibt Grünbein, »vorübergehend Halt zu finden in einer Welt, die immerfort vor den Augen verschwimmt.«[149] Wichtig ist, dass der Halt vorübergehend bleibt.

PUNKT

Du darfst nur bis zu einem gewissen Punkt verzweifeln. Danach nicht mehr. Dieser Punkt ist mit der Geburt erreicht.

LÄSSIG

Die Lässigkeit Nausikaas – die ihre Mutter, deren Name Ἀρήτη (Tugend) lautet, nur als Nachlässigkeit registriert –, den nackten Odysseus, der ihr als namenloses Monster erscheint, fraglos zu empfangen, als Beispiel der *hospitalité inconditionnelle* Derridas.

STURZ

Das Tier, das noch nicht Mensch heißt, stürzt aus der Natur. Fortan hört es nicht auf zu stürzen (= zu denken). Wohin? In Kultur = zweite Natur? Es stürzt ins Unglück wie ein Meteor. Man kann nur hoffen, dass der Sturz nicht ewig währt. Doch eben das ist sein Sturz: zu wissen, dass das Stürzen kein Ende nimmt!

Bei Kafka wird das Monströse zum Amorphen. Als Allegorie des Ungreifbaren verströmt es Gefahr. Seine Faszinationskraft verdankt es gallertartiger Konsistenz. In einem Tagebucheintrag vom Juni 1914 heißt es über den Nachhausegekehrten: »Ich [...] hing den Überrock an den Haken und wollte zum Waschtisch gehen, da hörte ich fremde kurze Atemzüge. Ich sah auf und bemerkte auf der Höhe des tief in einen Winkel gestellten Ofens im Halbdunkel etwas Lebendiges. Gelblich glänzende Augen blickten mich an, unter dem unkenntlichen Gesicht lagen zu beiden Seiten große runde Frauenbrüste auf dem Gesimse des Ofens auf, das ganze Wesen schien nur aus aufgehäuftem weichem weißen Fleisch zu bestehen, ein dicker langer gelblicher Schwanz hing am Ofen herab, sein Ende strich fortwährend zwischen den Ritzen der Kacheln hin und her.«[150] Das Amorphe ist Inbegriff des Un(be)greifbaren. Dennoch taucht es im Gestaltenspektrum auf. So unkenntlich es bleibt, so befremdlich und monströs, so sehr ist es Teil dieser Welt. Man könnte das von Kafka beschriebene Wesen Immanenzfigur nennen. Es indiziert nackte Präsenz. Kafka beschreibt es als Masse aus »weichem weißen Fleisch«. Analog zu den Überlegungen Deleuzes zu Francis Bacon scheint die Immanenzfigur, statt über einen Körper zu verfügen (einen geschlossenen, funktionalen Organismus), dessen Wahrheit zu artikulieren, die im Mangel an Artikulation oder Definition besteht. Der Vektor geht ins Infinite. Amorph ist, was sich der μορφή (Gestalt, Form) als Grenze einschreibt. Es markiert die Gestaltlosigkeit der durchgestalteten Welt, ihr Reales, wie Lacan es nennt. Auf den Menschen bezogen: Er ist wesenhaft ohne Wesen, weniger gestaltet als gestaltlos, einer Leere exponiert, die sein Innerstes ausmacht, das einer Wüste gleicht, die keine Grenzen kennt.

CHAUDFROID

Kein Zerrissenheitspathos, das nicht narzisstisch wäre. Hegels *unglückliches Bewusstsein* ist ein Beispiel dafür. Wie die Tragik der schwindsüchtigen schönen Seele. Was sie als ihre Rätselhaftigkeit verkennt, ist rätsellose Transparenz. Bataille spricht vom »Chaudfroid der Gefühle«[151]. Ein Hitze-Kälte-Theater, das durch Gefühlspathos (und sei es das der arktischen Intelligenz) Gefühle verhindert. Die Selbstmelodramatisierung erweist sich als Kälteinszenierung, die nach Wärme schreit: »›absolute Zerrissenheit‹, in der meine Freude mich vollends zerreißt, in der aber auf die Freude die Niedergeschlagenheit folgen würde, wenn ich nicht maßlos, bis zum bitteren Ende zerrissen würde«.[152] Der Narzissmus erweist sich als Extremismus, der sich romantischem Antiromantismus verschreibt, ohne einsehen zu wollen, wie viel Gefühl seine Gefühllosigkeit lenkt.

GESPENSTISCHES SELBST

Das Denken des Selbst kann nicht auf Selbsthaftigkeit setzen, so wenig wie auf die Inexistenz einer mit sich minimal identischen Instanz. Dass das Selbst imaginär ist, heißt nicht, dass es nicht existiert. Die Psychoanalyse Lacans demonstriert die Wirkungsmächtigkeit des Fantasmatischen, um ein Subjekt zu denken, das nie dort ist, wo es denkt. Dennoch ist da ein Subjekt, das seine Minimalkonsistenz der Öffnung auf seine entitäre Inkonsistenz verdankt. Eine komplizierte Vertrauens-, Glaubens- oder Kreditdynamik konstituiert, was Index seiner Abwesenheit ist: das Ich, Selbst, Cogito oder Subjekt genannte Etwas am Abgrund einer Fantasie, die ihm Konsistenz verleiht, indem sie sie ihm verspricht. In seinem Text zu Jean Borreil spricht Alain Badiou von der »affirmativen Alteration des Selbst«, die den »Übergang von Selbst zu Selbst«[153] darstellt, ohne die Kategorie des Übergangs zu definieren. Zweifellos handelt es sich um einen Hiatus, der das Denken ins Bodenlose reißt, während es sich einer Ex-negativo-Konsistenz verdankt, die ihm welches Selbst auch immer verleiht. Weder bewegt sich das Denken auf festem Grund, noch springt es ins Nichts, um die Sprungbewegung mit ungesicherten Begriffen zu dokumentieren. Der Übergang von Selbst zu Selbst drückt ein Konsistenzverlangen aus, dem nur durch Affirmation konstitutiver Inkonsistenz entsprochen werden kann. Von Hegel kann man lernen, dass der Wahnsinn des Denkens nicht in romantischer Geisterseherei liegt, sondern darin, den Inkonsistenzen, die man Gespenster nennt, eine Begriffskathedrale zu bauen, ein *System*, das in ständigem Umbau begriffen bleibt. Begriffe beherbergen Gespenster, um sich selbst als Gespenster zu erweisen, deren Wirkungsmächtigkeit verstören kann. Das gilt auch für den Begriff des Selbst. Wer Selbst sagt oder Ich, gibt sich als Gespenst zu erkennen, das zu wissen behauptet, was es sei.

KANNIBALISMUS DER LEERE

Flaubert sei ein Verrückter der Literatur, konstatiert Roland Barthes. »Flaubert ist durch die Arbeit des Stils der letzte klassische Schriftsteller, aber weil diese Arbeit maßlos, schwindelerregend und neurotisch ist, stört er die klassischen Geister von Faguet bis hin zu Sartre. Dadurch wird er zum ersten Schriftsteller der Moderne: weil er Zugang zu einem Wahnsinn hat. Zu einem Wahnsinn, der nicht Darstellung, Nachahmung, Realismus ist, sondern Schrift, Sprache.«[154] Und Kleist? Beide sind Kannibalen der Sprache, beide schreiben vom kannibalischen Exzess. Die synästhetische Lektüre von *Penthesilea* (1808) und *Salammbô* (1862) demonstriert den Grundzug moderner Subjektivität: aufs Nichts gerichtet zu sein. Man will alles, da man nichts hat. Deshalb die Gier nach einer Sprache, die der Leere Rechnung trägt. Darstellung, Nachahmung, Realismus neutralisieren sie, statt ihr Geltung zu verschaffen. Mit der Exaktheit, die beide Autoren ausmacht, muss die Sprache an ihr zerschellen. Man rennt sich den Kopf nicht an Wänden ein. Die Stirn zerspringt in der Berührung des Nichts. Was Barthes eine manische Sprache nennt, ist der Wahnsinn des auf seine Inkonsistenz geöffneten Subjekts.

SUSPENSION

Verheerender als die Liebe genannte Illusion, ist der Verzicht auf sie. Illusionen haben die Kraft, ins Wirkliche zu intervenieren. Liebesunfähigkeit ist weder Wirklichkeit noch Illusion. Nicht jede Liebe muss romantische Irrfahrt sein. Oft realisiert sie sich im Moment ihrer Suspension. Letzter Liebesbeweis: mit dem Lieben aus Liebe aufzuhören.

KOSUNG

Die Kosung ist keine Berührung, oder sie ist Berührung ohne Berührung. Noch wenn sie Berührung ist, liebkost sie das Unberührbare des anderen und rührt damit an dessen Leere oder Nichts.

NOCH EINMAL ZU HEIDEGGER

Eine Archäologie der Zukunft muss nicht teleologisch ausfallen. Eher insistiert sie auf der Unmöglichkeit eines Telos. Sie bewegt sich an mehr als einer unsichtbaren Schnur entlang. Da ist eine Mehrzahl an Fäden, deren Enden im Leeren verlaufen. Da die Fäden aus der Zukunft in die Gegenwart reichen, geben sie ein Minimum an Orientierung. Ein nicht teleologischer Zukunftsbegriff erweist das Jetzt zwar als nicht von ihr determiniert; affiziert von ihr ist es dennoch. Der frühe Heidegger privilegiert die Geworfenheit gegenüber dem Entwurf. Zum Beispiel in der Ontologievorlesung von 1923 zur *Hermeneutik der Faktizität*. In *Sein und Zeit* (1927) nimmt die Zukunftsekstase überhand. Hier liegt der progressive Zug des Buchs. Im Gezogensein des Daseins aus der Verfallenheit an das Man, ins Unbestimmte, das sich im Vorlaufen in den Tod als möglicher Eigentlichkeitsraum öffnet. »Eigentlich« heißt nicht zwingend »authentisch« im konservativen Sinn, obwohl der bei Heidegger mitschwingt. Der zukunftsweisende Zug der Eigentlichkeit besteht in der Öffnung eines Raums, der Kontingenz zulässt, sie also nicht essenzialistisch verneint. Sollte Heideggers »Essenzialismus« – seine Insistenz auf dem *Wesen* in der mannigfachen Bedeutung, die das Wort bei ihm erhält – keiner sein? Zumindest ist es keiner, der das Dasein ins längst Entschiedene treibt. Heidegger verweist mehrfach auf Nietzsches Formel vom Menschen als nicht festgestelltem Tier.

MASKEN

Man hat nicht zu denken begonnen, wenn man, um dem neuzeitlich-modernen Apriorismus oder Originarismus auszuweichen, in postmodernes Maskenspiel flieht. Die Maske ist so wenig Maske wie das Gesicht Gesicht. Der Primat des Sekundären generiert eine eigene Ökonomie der Authentizität. Im Maskenhandel bleibt die Primordialitätshypothese intakt. Dialektisches Denken nimmt sich seine Gewissheiten, um der Versuchung zur Selbststabilisierung im Theater essentialisierter Instabilitäten, dem Spektakel der Masken zu opponieren.

KEIN WIDERSPRUCH

Erotik der Schwäche: Sie greift nur als Kraft.

EXISTENZ

Noch indem sie sich unendlich von ihr entfernt, mit Lichtgeschwindigkeit, wenn man so sagen kann, irreversibel verloren im All des Nichtmenschlichen, schlägt die Philosophie – Wunder dieses Mal nicht der Quantenverschränkung, sondern der des Denkens und seiner transfiniten Rückstrahlung auf den Denkenden – in die endliche Existenz zurück. Was Heidegger vom Rückschlag der Ontologie ins Ontische sagt, entspricht einer allgemeinen Definition philosophischen Denkens. Es lässt die Existenz mit jedem ihrer Sprünge zerspringen. Die Philosophie ist ein Spiel, an das sich der Spielende unwiderruflich verliert.

NOTIZ ZU LACAN

Zu Lacans zunehmend »leiser, länger und verschlungener« werdenden Sätzen bemerkt Friedrich Kittler, dass sie zu hören gäben, »dass die Wahrheit nicht in einem Wort zu bergen«[155] sei. Man könne nur die halbe Wahrheit sagen. Zugleich insistiert Lacan darauf, nie etwas anderes als die Wahrheit gesagt zu haben. Hier tritt sein Hegelianismus hervor. Was nicht gelingt, ist die Loslösung – das *absolvere* – vom Absoluten, das vom Subjekt noch in den Stadien von dessen Seinsverlorenheit Besitz ergreift. Das Absolute ist das nie nicht Gegenwärtige. Sowohl Martin

Heidegger als auch Alain Badiou insistieren darauf. In seiner Freiburger Vorlesung zur *Phänomenologie des Geistes* (Wintersemester 1931/32) hebt Heidegger die Gegenwart des Absoluten im sich selbst undurchsichtigen (und dennoch absoluten) Wissen hervor: »Das absolute Wissen muß anders sein am Anfang denn am Ende seiner Geschichte. Gewiß, aber diese Andersheit besagt nicht, daß das Wissen am Anfang überhaupt noch nicht absolutes Wissen sei. Im Gegenteil – gerade im Anfang ist es schon absolutes Wissen, aber das noch nicht zu sich selbst gekommene, noch nicht anders gewordene, sondern nur das Andere. Das Andere: Es, das Absolute, ist anders, das heißt nicht absolut, relativ. Das Nicht-Absolute ist noch nicht absolut. Aber dieses Noch-nicht ist das Noch-nicht des Absoluten, das heißt das Nicht-Absolute ist nicht irgendwie trotzdem, sondern gerade deshalb absolut, weil es nicht-absolut ist: Dieses Nicht, aufgrund dessen das Absolute relativ sein kann, gehört zum Absoluten selbst, ist nicht verschieden von ihm, das heißt nicht abgestorben und totdanebenliegend. Das Beiwort ›nicht‹ in ›nicht-absolut‹ drückt keineswegs etwas aus, was für sich vorhanden neben dem Absoluten liegt, sondern das Nicht meint eine Weise des Absoluten.«[156] Entsprechend kann Badiou konstatieren: »Letztlich ist das Absolute von Anfang an bei uns.«[157] Die Gegenwart des Absoluten durchzieht noch seine (relative) Nicht-Gegenwart im relativen Wissen, das auf seine Weise bereits absolutes Wissen ist, wenn auch als relatives. So verhält es sich mit der Wahrheit. Sie ist ganz da, noch wo sie sich bloß halb sagen lässt. Indem man sie halb sagt, trifft man sie, im Modus des Halb-Sagens, doch ganz. Lacan ist sich der Nicht-Widersprüchlichkeit von Halb- und Ganzsagen bewusst. Dennoch muss er auf der (relativen) Nichtgegenwärtigkeit des Gegenwärtigen, das die Wahrheit oder das Unbewusste oder das Nichts oder das Reale *ist*, insistieren. Zum Beispiel, indem er sich ihm auf Umwegen im Gelände seiner apriorischen Erreichtheit nähert. Lacans Hegelianismus denkt die Kompossibilität von Präsenz und Absenz oder Identität und Differenz. Mit oder ohne Hegel bewegt er sich auf der Spur der Identität von Identität und Differenz. Diese erste Identität markiert das Absolute als Medium des Aufeinandertreffens von Identität und Differenz, Selbst und Anderem. Die Wahrheit ist nicht in einem Wort zu bergen, weil sie die Sprengung der Sprache als Bedeutungsraum und Sinnkontinuität markiert. Zielpunkt aber des Denkens ist das Motiv seiner Sprengung im Medium des Absoluten oder der Wahrheit, um sich als primordiale *errance* zu erfahren, als ein In-der-Irre-Schweifen im Gelände substanzloser Substanz. Erst im Niemandsland des Absoluten kommt das Subjekt zu sich. Nicht in Gestalt geschlossener Selbstheit, sondern als Operator der Identifikation mit seiner Unmöglichkeit. Es gibt Selbstidentität nur als Bruch mit der Idee stabiler Selbstheit. Das ist nicht nichts. Es ist das äußerste ihm Erreichbare: sich als Nichts im Nichts des Absoluten zu identifizieren.

ENTZERRUNG

Das Denken entzerren: ihm Spielraum dort einzuräumen, wo es nichts zu suchen hat.

ZOPF

Heiner Müller hat die Lektion des Theaters auf den Punkt gebracht: »… irgendwo hört die Tragödie auf und wird Komödie.«[158] Es geht nicht gut aus! Nicht weil es in Tragik mündet, sondern weil sich jede Tragödie als Komödie erweist. Wie immer, wenn es um alles geht – Gerechtigkeit, Wahrhaftigkeit, Freiheit, Liebe –, sind die Verhältnisse versumpft. Es fehlt an Humor. Jeder sucht seinen Zopf, um Münchhausen zu spielen. Niemand gibt seinen Zopf verloren.

WUNDE

Tiefste aller Traurigkeiten: die grundlose. Sie ist Sprachlosigkeit angesichts der Grundlosigkeit der Welt. In grundloser Traurigkeit rührt das Subjekt an sein unmögliches Selbst. Es legt den Finger in die Wunde. Doch da ist keine Wunde, weshalb es ins Leere greift. Dieser Griff, der vergebliche Versuch, sich zu begreifen und zu ergreifen, wird sein Leben gewesen sein.

TRINITÄT

Genau genommen müsste jede Topologie des Schreckens elliptisch ausfallen. Mit zwei Zentren und einer sie beherrschenden Leere. Trinitätstheologisch gewendet, bedeutete dies: Gottvater (Infinität) und Gottsohn (Finität) begegnen sich im Zentrum ihrer je eigenen Leere. Die sie umgreifende Leere ist die des Heiligen Geistes, der ihr Fortdauern im Zeichen ihrer Inexistenz als Gemeinschaft der Leere = der Gläubigen = das heißt des Schreckens (*horror vacui*) garantiert.

WELT

In der Welt der Kompromisse, Konventionen, Kommensurabilitäten, der Welt der Profite, Opportunismen und Spielregeln, in der sich die letzten Menschen (also alle!) als Schwarm- oder Herdentiere tummeln, wie Nietzsche sagt, muss die Insistenz auf *mehr* als Provokation erscheinen, die hastig zurückgewiesen wird. Es lebt sich gut in der Genügsamkeitszone der in Wahrheit an ihrem Ungenügen Verzweifelnden. Was bleibt, ist Bitterkeit und Ressentiment: die Vernichtung all dessen, was ans Inkommensurable reicht (Freiheit, Liebe, Gerechtigkeit, Fantasie). Es ist die Welt des Neids und der Eifersucht, Welt der schielenden Blicke, des unbegründeten Urteils, der furchtsamen Verwerfung und Angst. Am Denken verstört, dass es sich mit dieser Welt nicht arrangieren will. Denn sie verbietet jede Form von Souveränität. Sie ist Welt objektiver Unfreiheit, Immanenzzone ohne Alternative. Dennoch bedeutet Denken, ihr unter Aufbietung aller verfügbaren Mittel zu opponieren. Wer denkt, ist im Krieg mit der Wirklichkeit. Denken heißt, dem Aufruf zur kollektiven Mutlosigkeit zu widerstehen.

KOMPLEXITÄTSREDUKTION

Lacoue-Labarthe behauptet, dass das »wahre ethische Problem« der »Verantwortung«[159] sich in der Unmöglichkeit ausdrückt, gewisse Fragen mit einem Ja oder Nein zu beantworten. Philosophie impliziert die Bereitschaft, auf der Höhe von Realitäten zu agieren, die solchen Vereinfachungen opponieren. Sie sind komplex! Dennoch gehört zur Philosophie Komplexitätsreduktion. Wer nicht bereit ist, in eine solche Reduktion einzuwilligen, manövriert sich ins Abseits der Kommunikation. Unerlässlich ist das Wissen darum, dass vereinfacht wird, sowie die Bereitschaft, für die Vereinfachung Verantwortung zu übernehmen. Philosophie impliziert das Wissen um die

Unmöglichkeit, auf der Höhe der ihr auferlegten Aporetik zu operieren, weshalb sie sich ihren Möglichkeiten anvertraut, was sie zu verunmöglichen droht, da das Mögliche der Philosophie im Gebrauch ihrer Unmöglichkeit besteht.

NOTIZ ZU ADORNO

Zu keinem Zeitpunkt hat Adorno die Unmöglichkeit glückender Synthese ans Pathos glückenden Scheiterns verkauft. Die negative Dialektik wäre keine, täte sie dies. Der Triumph der Negativität darf nicht sein. Sie widerspräche sich sonst auf nichtdialektische Art. In der »antagonistischen Welt«[160] ist nicht einmal die Unversöhnlichkeit von Antagonismen befreit. Auf der Höhe dieser Verfahrenheit bewegt sich, was Adorno Denken nennt. Noch das Unglück bleibt unverbrieft. Durch es kündigt sich der Einwand ihm gegenüber an. Nicht in Gestalt von dessen Löschung, sondern durch Insistenz darauf, dass, wer sich in der Verlorenheit einzurichten beginnt, diese verrät. Wie später Deleuze, lehrt Adorno, den Verrat am Eigenen und Richtigen zu üben, noch wenn sie Vignette der Uneigentlichkeit und des Falschen sind. Von Hegel übernimmt er das Wissen um die Unmöglichkeit, Nichtidentität ohne deren Verlust zu konservieren. Aufhebung bedeutet bei Adorno, der Syntheseverweigerung den Triumph vorzuenthalten = der Versuchung zu ihrer Hypostasierung – ohne Regress ins Synthetische! – zu widerstehen.

KOMET

Im Gespräch mit Carl Seelig nennt Robert Walser Kleist einen »unruhigen Kometen«. Mit Goethe tritt er fürs »legitime Recht« ein, »das Disharmonische von sich zu stoßen«.[161] Kometenhaft an Kleist ist, dass er sich verbrennt. Der Eintritt in die Sphäre der zivilen Verhältnisse bringt ihn zum Verglühen. Einer gewissen Doxa entsprechend steht Goethe neben Hegel für Harmonie, Einklang, Identität. Der späte Nietzsche hat dem widersprochen. Er zählt Goethe zu den Dionysikern, da sein (später) Begriff des Dionysischen das Apollinische wie Dionysische umfasst. Analog zu Hegels *Identität von Identität und Differenz* impliziert das umfassende Prinzip der Harmonie Disharmonie, statt sie zu neutralisieren. Walser ignoriert dies. Dabei sollte er es besser wissen. Auch seine Poetik ist die einer gegenstrebigen Fügung. Mal wird das Harmonische, mal das Disharmonische privilegiert. Zuletzt folgt sein Denken – hier gleicht er Adalbert Stifter, dessen Bedeutung für Nietzsche bekannt ist – dem Wissen darum, dass Ordnung der Negativindex primordialer Unordnung ist, Harmonie ex negativo Disharmonie indiziert. Goethe ist ein Unruhedichter, wie Hegel Philosoph der Ruhelosigkeit. Kleists Kometentum liegt in der Weigerung, vom Widerstreit von Identität und Differenz abzusehen. Penthesilea mag grausam sein, doch sie ist es aus Liebe zu Achill.

INTEGRITÄTSFANTASMA

Das Integritätsfantasma – das ein *noli me tangere* einschließt – sucht noch die Sexualkulturen heim, die sich von ihm unberührt wähnen. Foucault hat es auf den letzten Seiten von *Die Sorge um sich* beschrieben: Ab einem gewissen, nicht eindeutig definierbaren Zeitpunkt – vom ersten vorchristlichen bis zum zweiten nachchristlichen Jahrhundert – entsteht eine griechisch-römische Literatur (wie zum Beispiel die von Chariton Aphrodisias, Achilleus Tatios und Heliodor), in der die »Forderung nach Enthaltung« weniger an die männliche Adresse – und auch nicht mehr die Knabenliebe betreffend – gerichtet wird, sondern vor allem der »jungfräulichen[n] Integrität«[162] gilt. Es geht nun nicht mehr um maskuline Selbstverwirklichung durch Selbstkontrolle. Plötzlich rückt der verletzbare Frauenkörper ins Zentrum der Aufmerksamkeit ethischer Erwägungen, um ihn einem Virginitätsimperativ zu beugen, in dem sich seine Sakralisierung als Gewalt ihm gegenüber ausspricht. So wie in bis heute verbreiteten Sexualethiken die Ehre, das heißt die Integrität, einer ganzen Familie und vor allem ihrer männlichen Mitglieder an der Intaktheit des Hymens der unverheirateten Töchter festgemacht wird, konstituiert sich bereits in den antiken Texten eine Ethik der sexuellen Enthaltsamkeit, deren Gewicht kaum überschätzt werden kann. Ihr liegt eine Ontologie der Integrität zugrunde – das heißt der Unberührtheit und Reinheit –, die nicht nur die Sexualethik über Jahrhunderte dominiert, sondern auch den Begriff des Denkens kontaminiert.[163] Man kann sagen, dass es die Vorstellung von reinem Denken und reiner Vernunft wie auch das Syntagma des reinen Gewissens nicht unberührt vom Unberührtheitsfantasma spätantiker Sexualnarrative gibt. Eine Art essenzieller Jungfräulichkeit persistiert bis heute im Bild des Denkens, sofern es von sich, wie Kant es nennt, Resistenz gegenüber den Neigungen verlangt. Der ethische Rigorismus Kants ist nur eines von vielen Beispielen. Die eminente Rolle, die die Sexualität im Denken Derridas und Nancys einnimmt, indiziert den Stellenwert, den die Idee einer ursprünglichen Kontamination bei ihnen erhält. Dekonstruktion ist – in Form einer Dekonstruktion des Christentums wie außerchristlicher Begriffskulturen – immer auch Dekonstruktion imaginärer Integrität. Wir sind längst Berührte. Reinheit ist keine Option. Sexualontologisch gewendet: Noch wo Enthaltsamkeit als Suspension sexueller Aktivität praktiziert wird, findet der Sex in Gestalt eines Versprechens statt, das nach Einlösung schreit.

IRREVERSIBEL

Zur Selbsterfahrung des Menschen gehört die Erfahrung der Irreversibilität der Zeit. Im Erinnern ist sie als vergangene gegenwärtig und verführt zu Melancholie, insofern sie mit der Vergänglichkeit konfrontiert. Das Vergangene ist unwiederbringlich vergangen – noch dann, wenn die lebhafteste Erinnerung es reproduziert. Im Modus der Reproduktion kehrt das Vergangene zwar zurück und erreicht eine gewisse Präsenz, doch handelt es sich um die Präsenz eines Gewesenen, der eine Traurigkeit korrespondiert, die Symptom des Unwiederbringlichen ist. Statt bloß Nostalgie auszudrücken, verbindet sich mit dieser Traurigkeit die hoffnungsvolle Gewissheit, dass, indem das Vergangene vergangen, das Gegenwärtige von gesteigerter Gegenwart ist. Zwar reicht alle Lebendigkeit ins irreversibel Vergangene zurück, doch sie löst sich auch von ihm, um Öffnung auf eine noch unbestimmte Zukunft zu sein.

SCHLAF

Von Pessoa stammt die Vorstellung des Lebens als einer einzigen Schlaflosigkeit. Folglich bedeutet leben, wach zu sein, unter den Bedingungen abwesenden Schlafs. Es ist Schlafentzug, der jeder Wachheit assistiert. Hinter dem Leben wacht der unmögliche Schlaf. Seine Abwesenheit koinzidiert nicht mit Inexistenz. Sie ist seine Existenzform und ungeteilte Macht. Ich lebe, heißt, ich tu es unter der Obhut sich entziehenden Schlafs.

NICHTPOLITISCHE KORREKTUR

Nicht die Wirklichkeit setzt den Träumen zu. Es sind die Träume, die die Wirklichkeit korrigieren.

KODES

Im Kampf gegen die Doxa hindert Barthes' Intelligenz ihn daran, sich in die Pose des Kämpfers zu werfen: »Allgemein gesagt«, konstatiert er, »scheint mir alles, was Forderung, Anfechtung und Protest ist, immer langweilig und platt.«[164] Die Politizität seines Schreibens drückt sich in der Weigerung aus, sich einem rebellischen Negativismus anzuschließen, dessen entpolitisierte Überpolitisierung ihm nicht entgeht. Barthes' Haltung ist mutiger. Sein Diskurs registriert die eigene Kontaminiertheit durchs Doxologische. Gegenstand des Kampfes ist das eigene Denken, das kaum auf Eigenheit vertrauen kann. Barthes gibt ein Beispiel davon, was es heißt, auf eine emanzipatorische, statt selbstzufriedene, Art links zu sein: »um die Kodes auflösen zu können, muß man sich in die Kodes begeben«.[165]

UNFALL

Im Buch zu Francis Bacon, *Logique de la sensation* (1981), schreibt Deleuze, dass im Christentum der »Keim« eines »unerschütterlichen Atheismus«[166] liege. Christus ist bereits der Antichrist. Gott veräußert sich durch Inkarnation und Kreuzestod. Insofern es Insistenz auf Unendlichkeit/Unsterblichkeit impliziert, löst sich die Gestalt des Christentums auf. Genau besehen handelt es sich um eine Dialektik von Unendlichkeit/Unsterblichkeit und Endlichkeit/Sterblichkeit. Der Zwischenraum zwischen diesen Registern ist der Raum der christlichen Wahrheit. Er indiziert die Kompossibilität beider Ordnungen. Der Platonismus löst sich auf. Im Herzen des christlichen Monotheismus erfährt er zumindest radikale Neuerung. Deleuze spricht vom Sturz des Menschen aus seinem Wesen oder seiner Substanz. Er beginnt, sich als »ein Akzidentielles« wahrzunehmen. Als Unfall der Natur. Deshalb ist es kaum möglich, in einer Art antireligiösem Überschwang, im Christentum nichts als Restauration des Platonismus zu sehen (*den* Platonismus gibt es ohnehin nicht, und Plato war kein Platoniker). Die Insistenz auf der Unfall- und Zufallsnatur des Menschen lässt ihn seinem Wesen entgleiten. Da ankert nichts in unveränderlicher Substanz. Die Öffnung des Menschenwesens aufs »Ereignis«, das »Unbeständige« und das »Zufällige« impliziert die Zersetzung ebendieses Wesens selbst. Finität und Infinität kreuzen sich im Körper Christi. Der Atheismus erweist sich, wie Jean-Luc Nancy mit beeindruckender Subtilität demonstriert, als Wahrheit der christlichen Doktrin.[167] Dennoch geht Gott nicht verloren. Was Nietzsche monierte, dass wir nicht bereit seien, auf der Höhe der Inexistenz Gottes zu existieren, öffnet den Raum einer vielleicht nicht mehr theologischen oder theozentrischen Transzendenz. Das Transzendente muss sich in der Immanenz behaupten. In Wahrheit tut es dies immer schon, insofern alles, was zählt, für den Menschen jenseits des Zählbaren liegt und im Übrigen gänzlich erreichbar ist kraft seiner Fantasie: Gerechtigkeit, Liebe, Freiheit. Der Idealismus liegt nicht auf Seiten der Transzendenz, er liegt im Immanentismus, der seine Brüchigkeit verkennt. Die Alternative lautet nicht Entweder-Transzendenz-oder-Immanenz. Der wahre Fluchtpunkt des Denkens markiert deren strittige Kompatibilität.

WAFFE

Kafka schreibt gegen die Dummheit an. Jeder Satz ist eine Waffe, die er mit der Präzision einer an Wahnsinn grenzenden Müdigkeit gebraucht. Es gibt Müdigkeiten, die sich einschläfern lassen. Kafka sagt, *seine* Müdigkeit könne »nicht durch Ausschlafen […] beseitigt werden«.[168] Mit dem, was er seine »besinnungslose Einsamkeit« nennt, teilt sie sich dieselbe Seite der Welt. Mit dem scheppernden Gelächter, das er als dasjenige Odradeks beschreibt, distanziert er sich von ihr. Nichts hat Wert – außer dem Schreiben.

DENKEN

Wenn der Sinn dir ans Fell trommelt, bis es zu zerreißen droht.

GEWISSENLOS

Mit Canetti spricht Susan Sontag vom Gewissen der Worte. Über ihre Gewissenlosigkeit sagt sie nichts. Dabei liegt doch für Schreibende das einzig mögliche reine Gewissen darin, gewissenlos zu sein, oder, wie Bataille es nennt, souverän = frei.

NOTIZ ZU HEINER MÜLLER

Heute kommt einem das Statement Müllers selbstverständlich vor, obwohl es längst die Merkmale einer in Misskredit geratenen Selbstverständlichkeit trägt: »Das ist, was ich am Schreiben mag: es ist ein Risiko, ein Abenteuer, eine Erfahrung.«[169] Schreiben ist Selbstentsicherung auf den durch keinerlei Garantien, Bedeutungen oder Autoritäten gedeckten Nichtsinn. Eine Erfahrung zu machen, das heißt in eine Blindheit einzuwilligen, die zu unverhofften Einsichten führt. Sonst würde es sich lediglich um Programmablauf, Wiederholung, Protokoll handeln. Müller insistiert auf dieser nicht programmatischen Blindheit als Bedingung der Möglichkeit des Neuen, das erheiternd wie monströs sein kann (oft ist es beides in einem!). Deshalb spricht er von Abenteuer. Kein Abenteuer ohne Risiko! Wer sich auf Abenteuer einlässt – mögen sie künstlerischer, politischer oder amouröser Natur sein –, riskiert, enttäuscht zu werden. Das Ergebnis entspricht nicht dem Erwarteten. In Wirklichkeit widerspricht es ihm immer. Sonst wäre es Produkt einer Langeweile, die zum Äquivalent die Erfahrungslosigkeit hat. Müller hat nie einen Hehl daraus gemacht, dass er keine Lust darauf hat, sich zu langweilen. Deshalb die Brisanz seines Materialbegriffs. Alles kann Material sein, der Stumpfsinn, die dümmliche Romantik, der Opportunismus, die Grausamkeit, die Gewalt. Sämtliche Koordinaten, die das Subjekt in der Ebene seiner Realitäten zweifeln und verzweifeln, taumeln und umherirren lassen: orientieren wie desorientieren. Alles hat Platz im Theater. Nichts gehört nicht in den Text. Immer geht es Müller darum, auf der Höhe der Unversöhnlichkeit, Zerrissenheit und Schwierigkeit von Realität zu operieren. Den Korrektheitsimperativen hat er mit konzessionsloser Sensibilität und rückhaltlosem Realitätshunger opponiert. Der Gehalt einer Erfahrung schließt das Unangenehme, Inakzeptable und Vereinfachende nicht aus.

Sonst wäre die Erfahrung blind, im von Müller nicht gutgeheißenen Sinn. Sie wäre Produkt affektiver Realitätsverweigerung. Statt sich Komplexitätsreduktionismen hinzugeben, tritt Müllers Erfahrungsbegriff für die Affirmation realer Weltverhältnisse ein. Sie ist Bedingung der Möglichkeit ihrer Analyse und Kritik.

HUNGER

Bei Kafka wie bei Simone Weil gibt es eine Art anorektischer Intelligenz. Da wühlt sich jemand ins Nichts. Kafka und Weil zeigen, was Denken ist: Gieren nach dem Ding, das verrückt macht, weil man es nicht fressen kann.

NICHTS LIEGT IM DUNKLEN

Barthes schreibt: »Kafka hat gewußt, daß die Literatur auf dem Aufwerfen von Fragen beruht.«[170] Dabei gibt es bei Kafka keine offenen Fragen! Alles liegt als Antwort vor. Sein Universum ist in ein Übermaß an Antworten getaucht. Nichts liegt im Dunklen. Alles zerfällt in quälender Evidenz.

GLEICHGEWICHT

Wer liest, riskiert »das Gleichgewicht zu verlieren«[171], schreibt Pavese. Wer schreibt, hat es bereits verloren.

SPITZE

Lacan kommt nicht ohne Zuspitzung aus. Als müsste sich ein Denken wie das seine der Hyperbel nähern, dem Wahnsinn einer gegen sich aufgebrachten Vernunft. Das (gespaltene) Subjekt, das es zu denken gibt, ist von gläserner Transparenz. Doch handelt es sich um eine Transparenz, die der Intransparenz Raum gibt. Lacan spitzt das Subjekt wie der Spitzer den Bleistift. Die Spitze gehört ihm kaum noch an. Sie zeigt ins Nichts, das Freud das Unbewusste und Lacan das Reale nennt.[172]

ANTEIL

Nicht der mindeste Anteil deiner Wahrheit gehört dir.

ANIMALISCHE ARITHMETIK

Schreiben heißt zählen, ohne Vertrauen in die Zahl. Die mächtigste, und zugleich unschuldigste, ist die Null, sofern man sie – Badiou nennt sie »die Zahl des Nichts«[173] – eine Zahl nennen will, als sei sie nicht ein aus der Zahlenherde gefallenes Tier. Schreibend gilt es, sich dem Tier zu nähern. Es bewegt sich unter den anderen Tieren, als gehörte es dazu. Oft ist es zahm, lässt sich streicheln und lächelt dazu. Dann, in Momenten verantwortungsloser Unbekümmertheit, greift es auf die Herde über, um ihre Mitglieder zu verzehren. Schreiben bedeutet, die Zwangsläufigkeit dieser Arithmetik einzusehen.

LOCH

Es gäbe »nichts Gefährlicheres als die Annäherung an eine Leere«[174] konstatiert Lacan im Psychosen-Seminar. Es geht ums Loch, das die Psychose ist, um den Abgrund der Insignifikanz im Signifikantensystem, das Lacan die symbolische Ordnung nennt, das Universum von Bedeutung und Sinn.[175] Wer sich dem Loch nähert, ist fast verloren. Man darf die Annäherung, von der Lacan spricht, nicht als aposteriorische verkennen. Bevor die Psychose das Subjekt ereilt, steckt es bereits im Loch, in der Leere, als deren Platzhalter es fungiert. Nichts daran überrascht. Nichts ist so klar wie das Faktum, apriorisch vom Nichts markiert zu sein. Das nennen wir ein Subjekt: den Träger dieser Marke. Bevor sich das Subjekt zum Agenten seines Selbst – seiner Perzeptionen und

Urteile – erklärt, bevor es sich über sich selbst als Objekt seiner Determinanten erhebt, bevor es sich als Cogito adressiert und als Selbstbewusstsein aufwirft, ist es nichts. Die Annäherung an die Leere ist Selbstannäherung eines Subjekts, das sich als Träger seiner ontologischen Inkonsistenz begreift.[176] Was bedeutet dies für die Frage der Intersubjektivität, für die Frage der Berührung, der Freundschaft oder Liebe? Es bedeutet, dass sich in der Begegnung, die amourös ausfallen kann, zwei Leeren kreuzen, als würden Gespenster miteinander kopulieren. Die Definition der Liebe, die sich daraus ergibt, ist folgende: Liebe ist geteilte Annäherung an eine Leere, die liebkost und genossen werden kann.

HYPERBOLISCHER KARTESIANISMUS

Nicht nur Hegels Dialektik ist eine der Selbstgewinnung durch Selbstentäußerung. Auch Valérys Kartesianismus sucht Gewissheit in deren Exzess: »wir sind nichts, wenn wir nicht imstande waren und imstande wären, einen Augenblick außer uns zu sein«.[177] Wenn es ein Jenseits des Nichtsseins gibt, dann ist es der Moment des Außersichseins. Ist es ein Übergang, wie die operative Negation in der auf Synthesis zielenden spekulativen Dialektik? Nicht unbedingt. Die punktuelle Intensität des Außersichseins, seine überbordende Momentaneität, generiert eine Infinität, die jegliche raumzeitliche Extension ihrer faktischen Finität überführt. Ergänzt oder bestätigt Valéry Hegel, indem er Unendliches als endlichen Punkt statt als unendliche Linie definiert? Er schreibt: »Dieser kurze Moment, da ich außer mir bin, ist ein Keim oder drängt wie ein Keim hervor. Die übrige Zeit läßt ihn sich entwickeln oder zugrunde gehen. [...] Es gibt Teilchen der Zeit, die sich voneinander wie ein Pulverkorn von einem Sandkorn unterscheiden. Nach außen sehen sie fast gleich aus, doch ihre Bahnen sind nicht zu vergleichen.«[178]

EINFACHE WAHRHEIT

Kein Kind ohne Gräten.

MEINUNGSINDUSTRIE

Mit Roland Barthes teilt Adorno die Unversöhnlichkeit gegenüber der intellektualitätsfeindlichen Doxa, dem, wie er sagt, »atheoretischen oder antitheoretischen Vorurteil«.[179] Statt nur Ahnungslosigkeit drückt es Ressentiment aus. Wer nicht denkt, muss gegen das Denken sein. Insofern es das Bedenken der Motive des Denkens wie der Denkverweigerung impliziert, kann Denken Nichdenkenden helfen, sich zu verstehen. Dafür müssten sie sich auf es einlassen. Adorno und

Barthes sind sich darüber im Klaren, dass Theoriebashing nur reaktionär sein kann. Es kommt aktivem Intelligenzverzicht gleich, der sich als Lebenstüchtigkeit tarnt. Ein Synonym für solche Lebenstüchtigkeit ist der gesunde Menschenverstand. Dem *sensus communis* ist Populismus inhärent. Wer sich auf ihn beruft, tut es im Namen kollektiven Denkverzichts. Die Doxa hat die Funktion, vom Denken abzubringen, um es durch Meinungskonsum zu substituieren. Kulturindustrie ist Meinungsindustrie.[180] Sie reduziert den Denkgehalt auf Stereotype. Eines dieser Stereotype besagt, dass Theorie praxisfeindlich sei. Als ob Theorie nicht selbst eine Praxis wäre, deren Wirkungsmächtigkeit kaum überschätzt werden kann. Wenn es ein Leitmotiv der Schriften Barthes' und Adornos gibt, dann ist es der Kampf gegen die Doxa. Beide stehen gegen den Quietismus des Nichtdenkens auf, gegen das Vorurteil philosophischer Realitätsferne, gegen die lauthalse Mutlosigkeit selbstgerechter Reaktion. Von Barthes und Adorno kann man lernen, dass, wer sich aufs Denken einlässt, den Raum seiner Evidenzen verlässt, um sich Erfahrungen zu exponieren, die seine Existenz transformieren. Intellektualitätsfeindlichkeit erweist sich als Lebensfeindlichkeit, die im Namen des Lebens auf dessen Lebendigkeit verzichten will.

NOTIZ ZUR PHILOSOPHIE

Badiou im Gespräch mit Nancy: »Philosoph ist wahrhaft jeder, der ein philosophisches Werk erschafft, das der Zeit standhält.«[181] Der Zeit standhalten heißt nicht aus ihr ausscheren. Es geht um die Konfrontation mit der Gegenwart, wie sie von Zukunft und Vergangenheit determiniert zu sein scheint. Natürlich ist sie es nur zu einem gewissen Teil. In der Gegenwart drückt sich Resistenz gegenüber der Determinismusideologie aus, die Sartre *mauvaise foi* nennt. Der Zeit standhalten, das verlangt, allen Zeitdimensionen zu opponieren. Philosophie ist der Name dieser dreifachen Opposition. Was heute als Philosophie auf den Ideenmärkten zirkuliert, ist Resultat ihrer Ausdünnung zu konsumierbarem Nicht-Denken. Die Schönheit wirklichen Denkens dagegen überzeugt durch eine Exaktheit der Gedankenfindung, die Unbeschwertheit mit Disziplin vereint.[182] Dazu gehört der Mut, unzeitgemäß zu sein. Vergangenheitsanbetung ist ebenso wenig eine Option, wie Prophetentum. Philosophie ist der Prozess ihrer unausgesetzten Neuerfindung unter den Bedingungen ihrer Unmöglichkeit. Sie hält ihrer Zeit stand, indem sie sich in ihr hält, ohne sich ihr zu assimilieren. Ständig redefiniert sie die Parameter ihrer Definition. Politisch ist sie, weil sie der Gegenwart Autorität entzieht. Nichts Schöneres als Resistenz gegenüber dem Bestehenden, nichts Leichteres als Begriffe, nichts Ermutigenderes als ein Denken, das seine Gegenwart überfliegt.

LIEBE

Das infinitesimale Quantum Konsistenz, das dir erlaubt, dich der Inkonsistenz zu nähern, die es dir nimmt.

NOTIZ ZU CANETTI

Irgendwo spricht Canetti von *träumerischer Klarheit.* Es bleibt unklar, was er damit meint. Man versteht: Das ist das Ideal – und manchmal wird es Wirklichkeit – in der Kunst, im Denken, in der Liebe. Es geht um die Kompossibilität von Klarheit und Traum. Wer nicht träumt, versagt sich den Exzess, der zu Kunst, Denken und Liebe gehört. Es handelt sich um einen Überschwang an Genauigkeit. Träumerisch ist die Klarheit, weil sie mit Sicherheit koinzidiert. Sie erschöpft sich nicht in ökonomischer Erwägung. Das macht sie zu einer spekulativen Blindheit, die sich das Kalkül versagt, um sich treffsicher ihren Zielen zu nähern.

KOMPOSSIBILITÄT

Im Gedenken an Paul de Man hat Derrida von der »sanften Kraft seines Denkens«[183] gesprochen und damit alles gesagt, was man über Philosophie (auch in ihrer literaturtheoretischen Ausprägung) sagen kann, die sich ihrer Prekarität und Unerlaubtheit ebenso wie ihrer Unumgänglichkeit und Dringlichkeit bewusst ist. Nie hat es ein Denken gegeben, das auf Kraft und Sanftheit verzichten konnte. Nie war Philosophie etwas anderes als die Demonstration der Kompossibilität von Sanftheit und Kraft. Kraftvolle Sanftheit und sanfte Kraft – Philosophie bezieht ihre Notwendigkeit aus diesen strittigen Syntagmen, die die Gewalt des Denkens mit deren Suspension kompossibilisieren.[184] Hannah Arendt hat zu Recht von der *Tyrannei des Begriffs* gesprochen. Heidegger und Adorno ebenso. Dennoch liegt die Herausforderung, die Schönheit und das Glück des Denkens, das wir Philosophie zu nennen gewöhnt sind – ohne uns je ausreichend Rechenschaft darüber zu geben, was Philosophie sei, was sie war und was sie sein könnte –, in der ebenso stimmigen wie heiklen Allianz von Sanftheit und Kraft. Es ist bekannt, dass Derrida einen wichtigen Text aus *L'écriture et la différence* (1967) dem Motiv der Kraft gewidmet hat. Es ist der erste Text des Buches, der die »strukturalistische Invasion«[185] skizziert: ihre Kraft, die bisherigen Sehgewohnheiten zu erschüttern, ihre Gewaltsamkeit, die sämtliche Gewissheitsbestände bedroht. Das kann Philosophie, sofern sie Philosophie ist, offensives Denken statt Rekapitulation des Gedachten anderer Denkenden, wie die akademische Tradition es verlangt. Derrida verdeutlich, dass es keine Philosophie jenseits solcher Gewalterfahrung geben kann, keine Philosophie, das heißt keine φιλία, keine Freundschaft, keine Liebe zur Wirklichkeit, wie sie ist. Die σοφία der φιλοσοφία impliziert Einverstandensein mit der Zerrissenheit der Realitäten, denen sie sich nie zwanglos nähert, wie der biedere Menschenverstand es fordert. Der Zugriff des Begriffs kann brutal und unnachgiebig ausfallen. Oft muss er es sogar. Dennoch steckt in der Kraft des Denkens eine seltene Zärtlichkeit oder Sanftheit, die ihren Gegenständen den Zauber ihrer Eigenständigkeit lässt. Es ist diese doppelte Anstrengung, die aus der Philosophie die Unwahrscheinlichkeit macht, die sie faktisch darstellt. Der Versuch, Unnachgiebigkeit mit Nachgiebigkeit zu konnotieren, in der Geste eines Denkens, das sich weigert, nichts als Geste zu sein. Die Philosophie interveniert in unsere Realitäten derart, dass sie unsere gesamte Existenz ergreift. Sie destabilisiert den Denkenden und sie zertrümmert seine Welt. So unterschiedlich das Temperament und die Vorgehensweise von Derrida und Foucault ausfallen, was sie verbindet, ist äußerste Gewalt. Es handelt sich um eine Gewalt – das heißt um das Ausüben einer Kraft –, die zu extremer Subtilität, hyperbolischer Genauigkeit und seltener Sanftheit fähig ist.

Eine Metaphysik des Traums gerät unter Verdacht, Metaphysik der Metaphysik zu sein, so sehr wird mit dem Träumen Weltflucht assoziiert. Dabei bedeutet doch zu träumen, sich ins Verhältnis zur Physizität des Leibes wie der Dinge zu setzen. Der Träumende flieht nicht das Diesseits ins Jenseits. Wer träumt, tut es im Hier und Jetzt transzendenzloser Immanenz. Träumen heißt, Löcher ins Wirkliche zu bohren. Der Traum perforiert die Matrix der konsistenten Dinge. Er trägt dem Vernunftparadigma wie dem Jenseitsglauben seine Inkonsistenz ein, weshalb zu ihm der Verrat an der Gewissheitsreligion gehört. Im Traum überlässt sich das Subjekt seinen Grenzen. Es verlässt sich dabei nicht. Eher handelt es sich ums Paradox einer gelösten Kontraktion. So esoterisch es klingt: Das Träumen ist ein Loslassen. Es entsichert das Traumcogito auf Kontingenzeffekte, die zur Redefinition der Existenz animieren. Kein Traum, der nicht von einer gewissen Schwebe durchstimmt wäre. Noch der Albtraum kennt Unbeschwertheit und Indifferenz. Träume sind nicht gravitätisch. Sie reißen ins Glück, kaum noch Mensch zu sein. Oder nichts als ein Mensch, ohne bestimmten Artikel: Subjekt ohne Subjektivität. Das Ich zerfällt in Partikel. Dabei bleibt, noch wenn sie sich nicht objektivieren lässt, die Multiplizität seiner Elemente erfahrbar. Vielleicht ist der Traum Unmöglichkeit von Objektivierung. In ihm begegnen unzählige

Dinge, von denen keines den Vertrautheitsstatus eines Objekts annimmt. Die Reise, der das Traumerleben entspricht, endet im Nirgendwo. Doch dieses Nirgendwo ist nicht Index einer anderen Welt. Es indiziert den Unschärfewert dieser *einen* Welt ohne Hinterwelt, die der Tod Gottes den menschlichen wie nichtmenschlichen Tieren hinterlassen hat. Im Traum rührt das Subjekt an die Leere. Es erfährt die Brüchigkeit der Realität genannten Fiktion als Chance auf ein anderes – weniger gewaltsames, weniger ausbeuterisches? – Bewohnen seiner Welt. Noch der schrecklichste Traum gleicht einer samtenen Erfahrung. Nicht weil er Anlass zu Träumereien gäbe, sondern weil er sämtliche Reverien ihrer Haltlosigkeit überführt. Ohne Bereitschaft, dem Fantasma ungebrochenen Weltaufenthalts nachzugeben, heißt zu träumen, sich von den dominierenden Weltbildern zu lösen, um neue Bilder des Wirklichen zu generieren. Das ist möglich, weil, wie Foucault bemerkt, der Traum »die Welt in ihrem ersten Aufdämmern«[186] ist. Eine Metaphysik des Traums wird, wie Nietzsche und Teile der griechischen Naturphilosophie wussten, Metaphysik dieser Morgenröte sein.

KITSCH

Was der Empfindungskitsch nicht wissen will: Die Musik rührt nicht an die Seele, sondern an deren Abwesenheit.

DASS KINDER AN GESPENSTER GLAUBEN, HEISST …

Gershom Scholem hebt Walter Benjamins Affinität zu Gespenstern hervor. Sie halten sich in seinen Träumen und Texten auf. Das verbindet ihn mit Robert Walser und Franz Kafka. Auch sie sind von Gespenstern umhangen. Im »großen leeren Haus«[187] wohnen Gespenster, wie in Kafkas Erzählfragment der auf dem »Dachboden« in einem »tiefen Winkel, inmitten des Gerümpels eines ganzen Jahrhunderts«[188] hausende Mann. Gespenstisch ist, was weder der Ordnung des Seins noch des Nichts angehört. Gespenster bewohnen die Zwischenzone beider Register. Das ist das Geisterreich des Wirklichen, das wirklich ist, indem es sich entzieht. Neben den Texten Bachofens erwähnt Scholem Karl Theodor Preuss' Schriften über Animismus und Präanimismus als Quellen Benjamins. Es geht ums Wirkliche im Horizont eines für Benjamin typischen Misstrauens gegenüber den Positivismen, die ihr Eingebundensein ins Fiktionale übersehen. Gespenster erscheinen im Traum wie im Wachzustand. Dass Kinder an sie glauben, heißt, dass sie die wahren Realisten sind. Während die Erwachsenen sich die Augen reiben, um die Gespenster verschwinden zu lassen, hat das Kind längst mit ihnen zu fraternisieren begonnen. Gespenster demonstrieren den Unheimlichkeitsstatus der Welt.

Es ist klar, dass die Liebe im Wunsch zu töten, was man für tot erklärt, persistiert. Das Tote töten wollen – oder den Toten (immer wieder, im Loop, wofür, um nicht von de Sade zu sprechen, in Scorseses Filmen Joe Pesci steht) – ist Ausdruck einer Verzweiflung, die sich als Indifferenz maskiert. Es reicht nicht aus, sich seinen Ängsten zu beugen, um sie zu fliehen. Dass zur Liebe »Unvereinbarkeit« gehört, wie Jean-Luc Nancy feststellt, heißt, dass sie der Aporie ihre Realität verdankt. Nicht weniger als das sentimentale Narrativ notwendigen Scheiterns exemplifizieren Komplementaritäts- und Fusionsfantasien, die auf die Eintracht der Liebenden zielen, romantische Fiktion. Was Nancy Unvereinbarkeit nennt, darf weder dieser zweiten noch der ersten Fantasie unterstellt werden. Nancy ist kein Romantiker. Er wäre sonst kein Philosoph! Es geht darum, sich dem »Inkommensurable[n] am Grund unserer selbst«[189] zu stellen, was die Öffnung auf die Inkommensurabilität des geliebten Anderen impliziert. Die Hypostasierung von Konflikt, Scheitern, Differenz fällt ins Identitätsschema zurück, um eine der okzidentalen Liebesontotheologie vertraute Unendlichkeitsmetaphysik zu restituieren, die sich in narzisstischer Melodramatik ergeht. Man müsste den Mut aufbringen, dieses Schema – das heißt beide, das Identitäts- wie Differenzmodell – aufzubrechen, um sich vom Todestrieb zu emanzipieren. »Tu me tues. Tu me fais du bien / Du tötest mich. Du tust mir wohl«[190] – der Satz aus Marguerite Duras' Drehbuch zu Alain Resnais' Film *Hiroshima mon amour* (1959) drückt libidinöse Romantik aus, deren Fluchtpunkt nur der Tod sein kann (Shakespeares *Romeo and Juliet*, Wagners *Tristan und Isolde* sind bekannte Beispiele dafür), sowie eine dieser Romantik opponierende Insistenz darauf, dass am Ende alles nichts gewesen sein wird. Wie jener der Unendlichkeit hat sich der Kult des Endlichen ins fantasmatische Selbstbild verrannt.

ALLES

Wissen ist nicht alles, aber ohne Wissen alles nichts.

NOTIZ ZUM NARZISSMUS

Der Narzissmus des kalten Herzens inszeniert sich als Gefühlsreligion. Er gibt sich empfindsam und ist empfindungslos. Es ist ein Autoprotektionismus. Er lebt von der Angst. Kein Narzissmus, der nicht den Sensibilismus der Sensibilität vorzöge! Mit oder ohne Spinoza bleibt er ein Phänomen des Denkens. Man kann Affekte denken, statt sich ihnen narzisstisch zu unterwerfen. Wer sich zu denken weigert, geht in die Emofalle bzw.

den Emokitsch. Nur Nichtdenkende denken, Gefühle seien authentisch. Erst die mit dem Denken kooperierende Sensibilität schafft Distanz zur narzisstischen Idiosynkrasie. Narzissmus ist Sensibilitätsmangel aufgrund aktiven Denkverzichts.

NOTIZ ZU WITTGENSTEIN

Das Denken muss riskieren, leer auszugehen. So rührt es an seinen Gegenstand, der die Gegenstandslosigkeit oder Leere ist. Es *muss* leer ausgehen, um Denken zu sein. Der Ehrgeizige versteht das nicht, weshalb Wittgenstein sagt, dass der Ehrgeiz der »Tod des Denkens«[191] sei. PS.: »In der Kunst ist es schwer etwas zu sagen, was so gut ist wie: nichts zu sagen.«[192]

RÄTSELLOS

Elias Canetti evoziert die Möglichkeit – oder Notwendigkeit –, Träume ernst zu nehmen, ohne sie »durch herumliegende Deutungen zu entkräften«.[193] Was den Traum zu etwas Ernstzunehmendem macht, ist der Widerstand, den er den Deutungen entgegenbringt. Was nicht heißt, dass Träume bedeutungslos wären. Ihre Funktion liegt auf der Hand. Nichts Funktionaleres als ein Traum, dessen Sinn in der Entkräftung von Sinnimperativen liegt. Träume nicht durch herumliegende Deutungen zu entkräften, bedeutet einer Sinnentkräftung stattzugeben, die dem Traum seine Wahrheit erstattet, die in der Markierung primordialen Sinnverlusts liegt.[194] Im Traum rührt das Subjekt an die Inkonsistenz seiner Welt. Es erfährt ihre Brüchigkeit nicht als Drama, sondern als Faktum, dessen Melodramatisierung sich überzogenem Deutungswillen verdankt. Träume ernst nehmen heißt sie nicht unnötig beschweren, ihnen keine Wahrheit abverlangen, um sie als das wahrzunehmen, was sie sind: Kontingenzereignisse, die keine Deutung entkräften kann.

NICHTS

Leidenschaft als Sprache der Inkonsistenz. Fernando Pessoa und Marguerite Duras geben Beispiele. Das Loch-Wort bei Duras, die Schläfrigkeit der Dinge bei Pessoa. Der Nullzustand der Welt. Die Sprache umzirkelt die Leere. Jedes Wort dementiert sich. Es sagt, dass nichts zu sagen bleibt, weil alles gesagt wurde. Unendlich viel, nichts.

HÄUTUNG

Wie kann ein Denken der Anmaßung des Denkens entkommen, ohne Ausstieg aus dem Denken zu sein? Vielleicht heißt denken, diese Schwierigkeit auf sich zu nehmen. Ohne Heroismus, ohne – immer narzisstische – Selbsterniedrigung. Denken heißt, es *dennoch* zu tun, trotz der Gewalt und Hybris, die zu ihm gehören. Von Barthes lässt sich lernen, was man philosophische Selbstabrüstung nennen kann. Er träumt von einer nicht militanten Sprache. Durch Entmilitarisierung und Entheroisierung des Schreibens würde sie der Versuchung zum Triumphalen widerstehen, indem sie seine Angreifbarkeit erhöht. Die Steigerung der eigenen Verletzbarkeit könnte eine Alternative zu Selbsterhöhung wie Selbsterniedrigung sein. Barthes' Sensibilität ist nicht ohne Selbstbewusstsein, doch handelt es sich um ein Selbstbewusstsein, das sich dem Wissen um die Prekarität des Selbst verdankt. Es tritt weder triumphierend noch laut auf. Eher schleicht es sich in bestehende Diskurse, um sie mit entwaffnender Ironie zu destabilisieren. Barthes setzt auf das »plötzliche Auslöschen des kriegerischen *Wertes*«, auf »eine vorübergehende Häutung der Sporen des Schriftstellers«, auf »ein Sinken des Mutes«.[195]

APORIE

Es gibt zwei Wege. Du nimmst keinen von ihnen, weshalb sie dich einen Träumer nennen. Heißt das, dass du stagnierst, oder springst du ins Reale der Ausweglosigkeit zurück?

NOTIZ ZU MANDELSTAM

Bei Ossip Mandelstam die Behauptung: »Nirgends ist der Mensch unbehaust.«[196] Die keine Behausung wollen, müssen sich damit abfinden, dass Unbehaustheit nicht existiert.

UNSPEKTAKULÄR

Nichts ist weniger spektakulär, als an das Nichts zu rühren. Nichts erfordert mehr Strenge. Nichts erzwingt ein höheres Maß an Präzision.

KIND BLEIBEN

»Die Fehler sind immer am Beginn«[197] – notiert Cesare Pavese am 8. Januar 1937 in sein Tagebuch. Der Satz drückt Ernüchterung angesichts der Komplexität des Realen aus. Pavese will der Wirklichkeit auf der Höhe ihrer Inkommensurabilität begegnen. Nie flieht er in Unterkomplexität = Infantilismus, Narzissmus oder Idealismus (die einzige Flucht, die er sich gestattet, ist der Freitod). »Es gibt etwas Traurigeres als alt werden«, schreibt er, »und das ist: Kind bleiben.«[198]

FLUCHT

»Ich habe schon immer von Flucht geträumt«[199] – Der erste Satz des fiktiven Tagebuchs eines Obdachlosen von Marc Augé kann Flucht aus dem Innen ins Außen sein, wie umgekehrt. Deleuze konnotiert die Flucht mit der Suche nach einer Waffe. Wer flieht, tut es nicht aus Angst. Es gibt Flucht aus Mut und Übermut. Sie durchstößt die Wände meines Zimmers und sei es das Bewusstseinszimmer, von dem Nietzsche spricht. Das Anrennen gegen die Wand gehört zur Fluchtdynamik. Manchmal wendet sie sich nach innen. Wenn die Wüste des Außen sich als beengend erweist, tritt das Subjekt die Flucht ins Innen an. Das Innen muss keiner Innerlichkeit entsprechen. Es gibt Innenräume, die Außenräume darstellen. Zum Beispiel der Raum der Fantasie. Wenn die *Wirklichkeit* genannte Außenzone zum Gefängnis wird, hilft der Ausbruch, der einen Aufbruch impliziert. Wohin? Dorthin, wo man noch nicht war! Der Traum des Obdachlosen muss sich nicht im Traum nach einem Obdach erschöpfen. Oft drückt sich in ihm der Wunsch nach Obdachlosigkeit aus. Nach einem Streunen unter freiem Himmel. Wenn der Himmel sich als kolonisiert erweist und die Freiheit zur Unfreiheit wird, zieht es den Flüchtenden in die Wüste eines Innen, die er als Unermesslichkeit bewohnt. Das Bewusstseinszimmer wird zur Zone der Einsamkeit. Es geht um die Freiheit, lebender Toter zu sein. Das ist die Funktion auch des Hotelzimmers: Immer wird es von Gespenstern bewohnt. Nur Gespenster kommen in den Genuss der Freiheit, die mit Inexistenz koinzidiert, mit dem Wunsch, kaum da zu sein. Kafka träumt diesen Traum. Er ist nicht der Einzige. Das ist der Traum, der von seiner Existenz entlasteten Existenz. Nichts an ihm gleicht der Verzweiflung. Im Gegenteil. Die Flucht, von der Augé spricht, ist die Flucht in die Heiterkeit. Flucht in ein anderes Leben, jenseits von diesem hier. Flucht nicht ins Jenseits, sondern ins Diesseits. Es muss sich um eine aktive Flucht handeln – nicht um Reaktion. Sie stellt den Aufbruch ins Ungewisse dar. Wer flieht, tut es, um ein anderer Mensch zu sein.

TRAUER

Im *Journal de deuil* (1977/78), das den Tod der Mutter betrauert, ohne sich in Trauerarbeit zu ergehen, gibt es die Stelle, in der Roland Barthes bekennt, in seinem Kummer zu wohnen. Es ist ein Buch des Widerstands, das sich weigert, sich mit dem Tod zu arrangieren. Barthes trauert um die Unmöglichkeit von Trauer. So richtet er sich in seinem Kummer ein. Es ist nicht leicht, den Schmerz zu bewohnen, ohne ihn zu neutralisieren. Die Versuchung seiner Entschärfung in Melancholie, das heißt in Internalisierung, wie Freud lehrt, muss selbst entschärft werden.[200] Barthes ist sich dessen bewusst. »Ich wohne in meinem Kummer, und das macht mich glücklich.«[201] Um welches Glück handelt es sich? Zweifellos nicht um das Glück narzisstischer Genugtuung. Es geht ums Weiterleben, so gut es geht! In seinem Kummer wohnen heißt nicht es sich in ihm bequem machen, ihn vergessen oder verdrängen. Barthes schreibt: »Mich erstaunt es immer wieder (schmerzlich), daß ich – letztlich – mit meinem Kummer leben kann, was bedeutet, daß er buchstäblich erträglich ist. Doch das ist – zweifellos – so, weil ich ihn recht und schlecht (das heißt mit dem Gefühl, daß es mir nicht gelingt) in Worte, in Sätze bringen kann. Meine Bildung, meine Lust am Schreiben verleiht mir diese apotropäische Macht, diese Kraft der Integration: Ich integriere mittels der Sprache.«[202] Die Integration ist keine Internalisierung. Sie mag den Kontakt zum Verlorenen dämpfen, doch steigert sie ihn zugleich. Das trauernde Subjekt wirft sich nicht in narzisstische Melancholie. Es inszeniert sich nicht als Opfer seiner Situation. Für Barthes ist Selbstviktimisierung keine Option; für niemanden, der sich weigert, nicht zu trauern, um autoaffektivem Narzissmus zu entgehen. Wie jeder Kummer reizt auch derjenige Barthes' zur Autostimulation. Es gibt keine Melancholie jenseits des Selbstgenießens. Seinen Kummer zu bewohnen, das heißt, wenn nicht die genussvolle Flucht ins Autoaffektive sich zu verwehren, sie als solche zu reflektieren. Sprache tötet den Schmerz nicht, sie bewirkt seine Anerkennung als Stimulans einer Schrift der Trauer, wie Barthes in seinem Tagebuch zeigt. Statt sich in Larmoyanz zu ergehen, stellt er sich der Schwierigkeit, sich dem Geschehenen zu öffnen, ohne es zu sublimieren. Man muss dem Kummer Exil gewähren in der Sprache. Man darf sich ihm nicht beugen und man soll nicht vor ihm fliehen.

SELBSTBESCHLEUNIGUNG

In der Philosophie ist Genauigkeit nicht Akribie, sondern Beschleunigung, Exzess.

SCHLUSS MACHEN

Mehr als alles andere verbietet der aktuelle Herrensignifikant *Realität* das Schlussmachen. Mit dem Gottesgericht, den religiösen Doktrinen, der Moral, die sich als profan missversteht? Es geht ums Verbot, mit der Realität zu brechen, die das dominante Narrativ einer angeblich säkularen Wirklichkeit ist. Mehdi Belhaj Kacem hat es in seiner Rede zu Artaud klargestellt. Es gibt Momente hyperbolischer Realitätsverweigerung. Bruch mit der Realität zugunsten einer noch namenlosen Realität. Inmitten der Wirklichkeit mit ihr zu brechen, ist, was man Kunst und Denken nennen kann (statt Kulturproduktion): »in quasi

Rimbaud'scher Manier mit allem, was man gemeinhin Kultur nennt, Schluss zu machen«.[203] Schluss zu machen mit der Dummheit, die sich als Realität verkauft, während sie die etablierten ästhetischen, sozialen, politischen, ökonomischen etc. Dispositive ihrer Transformation entzieht. Schluss machen mit der Wirklichkeit heißt Schluss machen mit den Idealismen, die sich als Realismen verkennen. Keine Kunst zählt, die nicht Schluss machte mit der Imperialität des Nicht-Denkens, das sich als Rcalismus verkauft, während es nichts tut, als die etablierten Muster zugunsten ihrer Zementierung zu variieren, um gutes Gewissen, statt Wirklichkeitssinn, zu produzieren.

WIE EIN UNSICHTBARES TIER

Kunst ist, was der Richtigkeit ihre Unwahrheit vorhält, solange das Richtige das Wirkliche unter Subtraktion von dessen Wahrheit – unter Ausblendung also des ontologischen Schwachpunkts des Tatsachensystems – indiziert. Statt sich ihm zu verschließen, markiert Kunst den Inkonsistenzcharakter des Konsistenzspektrums, dem sie die Mittel seiner Infragestellung verdankt. Immer nimmt sie einen Kredit bei der von ihr entkräfteten Realität. In seinem Buch zu Marcel Proust bemerkt Deleuze: »Sowohl in der Liebe wie in der Natur oder der Kunst handelt es sich nicht um Genuss, sondern um Wahrheit. Oder vielmehr: wir erfahren einzig Genüsse und Freuden, die der Entdeckung des Wahren entsprechen.«[204] Deleuze lässt keinen Zweifel daran, dass Genuss und Freude der Erfahrung der Kunst angehören. Der Zielpunkt künstlerischer Produktion kann nur die Wahrheit sein. Dabei ist eine Wahrheit avisiert, die die Zertrümmerung Halt gebender Evidenzen impliziert, seien sie wissenschaftlicher oder doxologischer Natur. Wahrheit ist der Name dieser Zertrümmerung. Bald kommt sie einer schleichenden Verheerung, bald einer plötzlichen Suspension der Gewissheitsbestände gleich. Ihr Einschlag muss nicht blitzhaft sein. Manchmal schleicht sie sich ins Bestehende wie ein unsichtbares Tier. Oft wuchert sie – unbemerkt oder unterschätzt – im Organismus, den wir Gesellschaft nennen. Am meisten von ihr betroffen sind Richtigkeitsreligion und Tatsachenobskurantismus, die blind ihren Konsistenzattrappen vertrauen. Als gäbe es keine Notwendigkeit, dem Selbstverständlichen zu misstrauen. Ihm sein Vertrauen zu entziehen, ist, was man Denken nennen kann. Was ist Kunst, wenn nicht ein Denken, das dem Wirklichen seine Wahrheit erstattet, indem sie dessen Konsistenz verneint? Wer sich aufs Richtige beruft, tut es faktischer Wahrheitsvermeidung halber, zugunsten dessen, was man das Angemessene nennt. Zur Kunst aber gehört Unangemessenheit = Inkommensurabilität. Erst im Absehen vom Angemessenen ist Wahrheit mehr als Illusion.

BRUCH

Was Kafka am Leben hält, ist die Literatur. Sie ist Bruch mit der Familie, Bruch mit der Verlobten, Bruch mit der Konvention. Was Kafka am Leben hält, ist der Bruch mit dem Leben, das die anderen führen.

GLAUBE

Wenn du glaubst, dich verirrt zu haben, ist das immer noch ein Glaube. Woher nimmst du die Gewissheit, dass es stimmt?

WIDERSTREIT

Adornos Bestimmung des Kunstwerks als »aufleuchtende Einheit subjektiven Tuns und objektiven, materiellen Seins«[205] impliziert die Affirmation des strittigen Charakters noch dieser Einheit. Wenn Adorno von Einheit spricht, dann zielt er auf den Unruhecharakter dieser Einheit. In der Einheit waltet der Widerstreit, analog zu Heideggers einigendem »Unter-Schied«.[206] Wir bewegen uns im Spannungsfeld von Identität und Differenz. Wie man weiß, favorisiert Hegel die Identität von Identität und Differenz. Adornos *Negative Dialektik* scheint mit ihr zu brechen. So einfach ist es nicht. Bereits Hegels einigende oder übergreifende Identität von Identität und Differenz mündet nicht in finaler Synthesis. Jede Identität, Synthesis und Einheit bleiben bei ihm von einer Negativität affiziert, die sich nicht stillstellen lässt. Adorno wusste das. Heidegger ebenso. Seine Ausführungen zu Hegel, zum Beispiel in den Seminaren von Le Thor und im Band 68 der Gesamtausgabe, bezeugen es.[207] Hegel ist Unruhedialektiker, nicht weniger, als es Adorno und Heidegger sind. Denken heißt, sich Unruheverhältnissen zu exponieren, die das Denken in Atem halten, statt es zu neutralisieren. Statt identifizierendes Denken zu sein, das sich seinen Gegenständen angleicht, indem es sie sich angleicht, ist Philosophie Affirmation irreduzibler Negativität. Die Affirmation löscht die Negativität nicht, sie hebt sie auf. Die aufleuchtende Einheit, von der Adorno spricht, leuchtet, weil sie das Blitzen im Herzen der Einheit bewahrt. Das Denken schlägt Funken. Es reibt und zerreibt sich am ihm inhärenten Konflikt. Dasselbe gilt für das Kunstwerk. Es ist Brennkammer, eine Art Ofen, in dem das Feuer eines unlösbaren Widerstreits brennt. Von Hegel, Adorno und Heidegger, wie von allen Philosophen, bis hin zu Agamben, lässt sich lernen, dass Denken Glühen heißt, Brennen. Wer denkt, tut es nicht, um sich zu bewahren.

OPFER

Du verlierst die Wahrheit nicht an die Lüge, du opferst sie dem Glück.

TIEFE

Man darf Emotionen nicht in falsche Tiefen treiben.

GRAB

Das Grab ist die Stätte, an der sich der Tod mit dem Leben vereint. Als ginge es darum, den von der *Seele* verlassenen Körper erneut mit *Leben* zu versehen. Nicht mit dem Leben, das sich in einer Existenz niederschlägt, sondern mit dem Prinzip einer Lebendigkeit, das das Tote umgreift. Lebendigkeit, die dem Tod nach seinem Eintreten trotzt. In ihr drückt sich Widerständigkeit aus. Es handelt sich um einen Strom unsichtbaren Wassers, der die beständigsten Substanzen ins Ungewisse reißt. Das Grab ist keine Kuhle, in die man den leblosen Körper versenkt. Es ist der Schauplatz der Präsenz des Verschwundenen. Man könnte meinen, es manifestiere das Schicksal aller Gestorbenen: nicht sterben zu können! Nichts ist ungewisser als das Glück, so aus dem Leben zu fallen, dass dieser Fall gelingt. Wer denkt, dass das Leben verlässliches Sterben einschließt, ist im Irrtum. Es kulminiert in der Aporie umherirrender Seelen, denen ihr Tod entzogen bleibt.

SPRACHLOS

Dem Tod gerecht werden, indem man ihn nicht mit Wörtern umhängt. Wie die Wahrheit verdient er Sprachlosigkeit. Nicht in Gestalt ehrfürchtigen Schweigens, sondern durch Verzicht auf Sprache angesichts dessen, was in ihren Abgrund weist.

LÖSUNG STATT ERLÖSUNG

Zur narzisstischen Melodramatik gehört Insistenz auf Vergeblichkeit. Von Kafka kann man lernen, dass, wer dem Erlösungsfantasma misstraut, auf Lösungen vertraut. Sie indizieren die Unmöglichkeit finaler (Er-)Lösung. Die terminologische Unterscheidung von Erlösung und Lösung hilft, den infantilen Narzissmus von der emanzipatorischen Position zu differenzieren. Wer Erlösung will, dem sind Lösungen egal. Sie stellen eine Bedrohung seines melodramatischen Selbstbilds dar. Untrügliches Merkmal narzisstischer Weltflucht: Lösungen in Erlösungsfantasien zu fliehen!

FEUER

Nietzsche betreffend spricht Agamben von der »luziden Schwelle zum Wahnsinn«.[208] Bevor Nietzsche in die »Umnachtung« ging, leuchtet sein Denken auf. Dann brennt es lichterloh. Die Wahnsinnszettel sind Dokumente der Berührung des Unberührbaren. Sie bezeugen das Übertreten der Schwelle, wie gewisse Texte Artauds. Plötzlich gibt es kein Zurück mehr. Der Wahnsinn bricht hervor. Von jetzt an ist Leben Niedergang und Zerrüttung. Sein Aufflackern in Gestalt polemischer Invektiven evoziert den brenzligen Moment eines Denkens, das bei vollem Bewusstsein Feuer fängt. Imperativ jeder Philosophie: *Wirf dich nicht ins Feuer! Tu alles, um nicht durchzudrehen!*

VERLIEBT

In der Verliebtheit drückt sich falsches Bewusstsein aus, Täuschung, Narzissmus, Konvention? Es gibt keinen Grund, das Offenkundige zu dementieren. Zugleich muss man wissen, dass Konvention, Narzissmus und Täuschung der Liebe keinen Abbruch tun. Sie sind Vehikel, die das Subjekt wie Kriegsmaschinen besteigt. Um dorthin zu gelangen, wo es sich befindet: in hyperbolischer Nähe zum Liebesobjekt, das seine Objektivität durchs Faktum der Liebe einbüßt. Liebende schleudern ihre Küsse ins Leere, als deren Platzhalter der geliebte Andere fungiert. Wer liebt, lässt sich aufs Wagnis ein, ans Unberührbare zu rühren.

RÜCKENDECKUNG

Die Normalität wird vom Wahnsinn gedeckt, doch was deckt den Wahnsinn?

ENCORE UN EFFORT

Lass dich auf dein Wissen ein!

NOTIZ ZU BARTHES

Auf sein Verhältnis zur Politik angesprochen entgegnet Roland Barthes, es sei »diskret, aber besessen«.[209] Nie verfällt er der Überpolitisierung. Dennoch ist klar, dass sich Barthes in allem, was er schreibt, politisch positioniert. Nur gehört zu seinem Politikverständnis die Weigerung, sich durch Überpolitisierung zu entpolitisieren. Ebendies nennt er Diskretion: Abstandnahme von Politattitüden, die Ausdruck taktischer Vereinfachungen sind. Sie artikuliert sich als Differenzierung zwischen den Ordnungen des Politischen und der Politik: »Das Politische ist in meinen Augen eine Grundordnung der Geschichte, des Denkens, von allem, was getan und gesagt wird.

Es ist die Dimension des Wirklichen selbst. Die Politik ist etwas anderes, das ist der Moment, in dem sich das Politische in einen ständig wiederkehrenden Diskurs verwandelt, in einen Diskurs der Wiederholung. Und ebensosehr, wie ich dem Politischen ein tiefes Interesse und eine tiefe Verbundenheit entgegenbringe, so empfinde ich eine Art Unduldsamkeit gegenüber dem politischen Diskurs. Was meine Situation nicht gerade vereinfacht.«[210] Man sollte dem politischen Diskurs keinen unendlichen Kredit gewähren, denn er impliziert den Verrat am Politischen, während er vorgibt, es zu repräsentieren. Die Differenzierungsintelligenz von Barthes lässt sich selbst als politische beschreiben. Es handelt sich um eine Intelligenz, die sich politdiskursiven Vereinfachungen entzieht. Das macht sie politisch statt populistisch, quietistisch, reaktionär.

ANGST

Lacans Luzidität ist gegenüber der Versuchung ideologischer Vereinfachung immun! Psychoanalyse wird zum Synonym ungebremster Intelligenz. Im Seminar über die Angst ist jeder Satz politisch. Das verstehen die Trottel nicht, für die Politik nur drin ist, wo Politik draufsteht. Lautet Lacans Lektion nicht gerade, dass, was drin ist, *nie* draufsteht? Seine Seminare erfordern Aufmerksamkeit, die den Bruch mit allen Evidenzen generiert. Man weiß nicht mehr, wo oben und unten ist. Deshalb die Attitüde des Meisters (*maître*), der nimmt, was er gibt. Lacan exemplifiziert eine subtilere Pädagogik, als es die sokratische Mäeutik ist. Er gibt nicht vor, Hebamme zu sein. Sein Denken zertrümmert das Fantasma, durchs Wissen ums Nichtwissen geadeltes Mehrwissen zu sein. Du bildest dir nur ein, die Leere kommuniziere mit dir! Da spricht nichts und niemand: kein Tier, kein Engel, kein Gott. Die Kraft der Lacan'schen Analyse liegt in ihrer Weigerung, aus Freundlichkeit dumm zu sein. Sie ist Übung in kompromissloser Intelligenz. Das macht die Lektüre der Seminare zu Prüfungen, die nur gut ausfallen können. Die geringste Enttäuschung hat Wert. Lacans Spinozismus ist Antiobskurantismus, der therapeutische Effekt ein – wenn auch nicht im aristotelischen Sinn – kathartischer. Im Feuer des Denkens verbrennt die Illusion. Statt ein vom Imaginären befreites Subjekt in Aussicht zu stellen, demonstriert es dessen Kurzschluss mit dem Realen, das das Unbewusste oder Nichts *ist*. Im Seminar über die Angst wird das Subjekt in Leere getaucht. Den Romantikern nimmt Lacan die Option, sich an ihr zu verletzen. Im Pathos anorektischen Selbstgenießens persistiert der intelligenzfeindliche Gott.

Das Wort Charisma (χάρισμα) weist ins Jenseits der Ökonomie. Es gehört in den Bereich von Anmut und Gnade = Anökonomie. Das Äquivalent im Dingbereich ist die Aura. Charisma und Aura markieren Schlupflöcher, in die man vor dem Normativen flieht. Charismatisch ist, wer über die Gabe verfügt, zu verführen. Das ist die politische Dimension. Um der Verführung zu entgehen – doch, wer will nicht verführt werden?[211] –, fällt man ins Fantasma resistenter Vernunft zurück. Man will vernünftig sein und übersieht, dass nicht einmal die Vernunft vernünftig ist. Canetti schreibt irgendwo von einer Person, dass sie zu einer gewissen Zeit, die vor ihrer Krankheit und Müdigkeit gelegen habe, »leuchten konnte«. Wer leuchtet, riskiert, von sich verführter Verführer zu sein = Narzisst. Es gibt kein Jenseits des Narzissmus. Die Ökonomie der Aufmerksamkeit determiniert noch den, der sich im Dunklen hält. Selbstverrätselungsnarzissmus korreliert mit Katzenhaftigkeit (dem Vorgeben von Ambiguität und Intransparenz). Die Selbstverkatzung hört nicht auf, obwohl man Stereotypen folgt. Der Ausweg liegt am Punkt der Ausweglosigkeit: »Geh [mit der Kunst] in deine allereigenste Enge. Und setze dich frei.«[212]

KAMEL

Du liest Kafka und verstehst, dass jede Wahrheit durchs Nadelöhr des Begehrens muss. Wie das berühmte Kamel.

GLÜCK, NICHT UNSTERBLICH ZU SEIN

In einer Notiz zu Kafka kommt Peter Handke auf dessen Heiterkeit zu sprechen, »andere sagen, Kafkas ›Humor‹«. Sie sei »immer das physikalische Ergebnis eines langen Schmerzes – als ob die Todesschwerkraft so stark würde, daß sie sich umkehrte in eine himmlische Schwerelosigkeit«. Handke fügt hinzu, dass ihm diese »Heiterkeit [...] als Ergebnis eines Schmerzes« mittlerweile »fremd«, »ja abstoßend« geworden wäre. Er wünscht sich, Kafka würde mit »derselben Gewissenhaftigkeit«[213], mit der er sein Opfersein schildert, aus der Opferposition heraustreten. Mit welchem Kafka hätten wir es dann zu tun? Wäre es ein anderer Kafka? Kafka von der anderen Seite aus gesehen? Aus der Position des Täters? Doch den Täter-Kafka gibt es schon. Überall in seinen Texten ist er präsent. Es ist ein sadistisches Schreibsubjekt, das dem Pferd die Sporen mit aller Wucht ins Fleisch treibt. Ein Opfer-Täter-Subjekt, das die Psychoanalyse anal-sadistisch nennt. Kafkas Schmerzen, denen sich sein Humor verdankt, betreffen ihn nicht als Opfer einer höheren Macht. In ihnen persistiert ein Genießen, das zur Triebfeder der Schreibdynamik wird. Die Schwerelosigkeit, mit der Handke Kafkas Heiterkeit assoziiert, kommt aus dem Todestrieb. Wie immer, wenn der Tod als Reales hervortritt, stellt sich Komik ein. Angesichts des Unausweichlichen versagt die Ernsthaftigkeit. Kafka gibt tausend Beispiele dafür. Blanchot schließt an ihn an. An die Fröhlichkeit des Todgeweihten, der seiner Beinaheerschießung als unbeteiligter Zuschauer beiwohnt. Man muss aus sich herausgetreten sein, um Zeuge seiner Endlichkeit zu werden. Man muss das Wagnis eingehen, sich beim Sterben zuzusehen. Nichts anderes tut Kafka, dessen Heiterkeit Produkt gesteigerten Wissens um die Vergeblichkeit des Lebens ist. Aus dem Wissen folgt Gelächter, frei von Melancholie und Ressentiment. Kafka hat im Tod einen Komplizen erblickt. Nur wer über seine Schmerzen lacht, hat zu leben begonnen – angesichts der finalen Schmerzlosigkeit, die das Sterben verspricht. Die himmlische Schwerelosigkeit, die Handke bei Kafka ausmacht, deckt sich mit Blanchots Glück, nicht unsterblich zu sein. Sie ist Index eines Lebens, das sich seiner Endlichkeit versichert, koste es Verzweiflung, Quälerei. Am Punkt dieser Selbstversicherung betritt das Subjekt eine andere Welt. Sie markiert kein Jenseits. Es ist immer noch diese hier: jetzt mit den Augen der Toten gesehen.

VERWÜSTUNG

Dass das Denken einer Verwüstung gleichkommt, heißt nicht, dass es ihm an Fröhlichkeit fehlt. Irgendwo spricht Duras von heiterer Verzweiflung. Das Denken stürzt sich in die Überstürzung, um Denken statt Rekapitulation des Geläufigen zu sein.[214] Die Überstürzung kann schleichend passieren. Das macht sie nicht weniger intensiv. Sie reißt am Subjekt, bevor sie es zu zerreißen droht. Die Verzweiflung fährt kaum Rendite ein. Sie generiert Ergebnisse, die das Denken mit seiner Kontingenz assimilieren. Es handelt sich nicht um die Versöhnung der Versöhnungsmetaphysik, der man unterstellt, sie sei auf Beruhigung aus. Diese Metaphysik hat es nie gegeben. Die Kontingenzoffenheit des Denkens kitzelt es aus seinen Evidenzen heraus. Es riskiert, sich dabei totzulachen, so stark ist der Reiz. Ihm Sprache anzumessen, ist, was man Denken nennen kann. Denken heißt, sich der Alternative von Glück und Unglück zu entziehen, um der Verwüstung sämtlicher Realitäten beizuwohnen. Sie sind nicht mehr als Konsistenzattrappen. Im Denken springt das Subjekt aus ihnen heraus, um einer Ungewissheit beizupflichten, die aus der Kontingenz seine Wahrheit macht.

Wie Kafkas K. aus *Der Prozess* (1925) und *Das Schloss* (1926) wird die Protagonistin von Blanchots *L'arrêt de mort* (1948) mit dem Anfangsbuchstaben ihres Namens angeführt. J. bewegt sich am Limes des Todes. Da ist der Moment, an dem sie, nachdem sie sie überschritten hat, die Schwelle in umgekehrter Richtung nochmals überschreitet. Sie kehrt als lebende Tote zurück. Das verleiht ihr den Glanz, den Lacan bei Antigone bemerkt: Ausdruck einer Erfahrung, die der Ordnung des Unmöglichen angehört. Blanchot schreibt, dass »die Angst ihre Natur« sei: »keine geistesgestörte oder monumentale Angst, sondern etwas, das sich so ausdrücken lässt: Ihr war das Nichtwiedergutzumachende geschehen.«[215] Im Roman, den Blanchot *récit* nennt, kommt es zum Dialog zwischen J. und ihrer Krankenschwester: »›Haben Sie den Tod schon gesehen?‹ – ›Ich habe tote Menschen gesehen, Mademoiselle.‹ – ›Nein, den Tod!‹«[216] Es ist klar, dass J. die Grenze zum Tod überschritten hat. Sie ist »aus der Ordnung der Dinge hinausgeglitten«.[217] Nichts daran ist rätselhaft. Außer dass sie wiederkommt, um sich beim Totsein zuzusehen – mit der Ungeduld der Gestorbenen, der die Zeit fehlt, sich der Ahnungslosigkeit ihres Umfelds zu assimilieren. Wut, die nicht aus diesem Leben kommt. Duras hat Lol V. Stein zu ihrer Schwester erkoren, von der sie sagt, dass sie einer »beispielhaften Einsamkeit«[218] überlassen worden war. Drei gespenstische Schwestern also (Antigone, J., Lol), die dem Tod geweiht sind und seine Macht bestätigen, während sie ihm widerstehen.

KOSTÜM

Dass im Kostüm nichts als ein Kostüm steckt, wissen wir. Was wir nicht wissen: Was ist ein Kostüm?

FESTUNG

Jeder Mensch: eine narzisstische Festung, die erobert, verstanden, geliebt werden will.

TOD

Einer langen Tradition zufolge ist das Schattenreich das Land der lebenden Toten: der Orkus oder Hades, wie Homer es nennt. Was, wenn der Tod die Existenz der Lebenden ohne Schatten indiziert, gespenstischer Entitäten in vollem Licht? Den Sterbenden erwartet nicht die Nacht. Er taucht nicht ins Dunkel der Schatten ein. Ihn erwartet nicht einmal die Düsternis seiner Inexistenz und seines Verschwindens. Solange er nicht tot ist, hat der Mensch Kontakt zum Tod. Mit dem

Eintreten des Todes geht noch dieser Kontakt verloren. Der Tod ist das Licht, das keinen Schatten wirft. Er ist »gesichts- und subjektlos«, schreibt Jean-Luc Nancy. »Er erwartet mich am Ende nicht als ein anderes Ich, das, vom Abgrund her mir zugewandt, immer noch ich wäre. Er ist vielmehr die ganze Zeit über dort da, wo ich da bin, er ist sogleich und unmittelbar alle meine Knochen und mein ganzer Körper, er ist die gesamte Ausdehnung, die mich aussetzt, die *res extensa*, die sich der *res cogitans* nur insofern entgegensetzt, als sie sie aussetzt und als sie sich selbst aussetzt.«[219] Es ist diese zwiefache Aussetzung, die den Tod zur Evidenz erhebt, zur Sonne ohne Schatten, zur gleichermaßen solaren wie lunaren Autorität.

NOTIZ ZU LUHMANN

Luhmanns Intelligenz dispensiert ihn nicht von Ethik und Moral. Das eben ist seine Ethik und Moral: rücksichtslose Intelligenz!

FANTASIE

Alt wie die Liebe sind die Versuche, ihre Realität und Glaubwürdigkeit zu dementieren. Spätestens die freudsche Psychoanalyse hat den Status der Fantasie und Fantasmatik für die Liebes- wie Sexualökonomie herausgestellt. Nichts ist ungewisser als die Liebe, die es nicht ohne Narzissmus gibt. Was ist ihr Zielpunkt? Wie definiert sie ihr Objekt? Eine gewisse romantische Tradition ist sich der Internalisierung des Liebesobjekts derart bewusst, dass sie an nichts als die inneren Dämonen oder Gespenster glaubt. Ich liebe nicht den anderen, ich liebe das Bild, das seine Präsenz in meinem Inneren erzeugt. Das wäre der narzisstisch-romantische Kurzschluss: Liebe als projektive, selbstaffektive Illusion. In *Stanze. La parola e il fantasma nella cultura occidentale* (1977) fasst Giorgio Agamben es wie folgt zusammen: »Ursprung und Objekt des Verliebens ist keine äußere Gestalt, sondern ein inneres Bild, das heißt ein Phantasma, das sich den Phantasiegeistern über den Blick eingeprägt hat; und nur die sorgfältige Ausarbeitung und intensive Betrachtung dieses phantasmatischen geistigen Simulakrums, so glaubte man, könne echte Liebesleidenschaft hervorrufen.«[220] Folglich wäre die Liebe an eine ins Unglück stürzende Selbstreflexion gebunden. Sie wäre alles andere als Liebestaumel. Statt sich in seinen Gefühlen zu verirren, wäre der Liebende Zensor seiner Leidenschaften, um zum durch Reflexion angereicherten Lieben zu kommen, das um seine Simulakren weiß. Nur stellt dieses Wissen nicht den geringsten Einwand gegenüber der realen Liebesmöglichkeit dar. Die Fantasie lenkt das Subjekt nicht vom Liebesobjekt ab. Sie steigert die Intensität seiner Erfahrung, indem sie sich weigert, im Geliebten nichts als die Summe seiner

Eigenschaften zu sehen. Liebe zielt auf das Nichts im anderen, auf die ihm implizite Leere, die seine Schwäche und Gefährdetheit ebenso markiert wie die ontologische Indefinität, die zu ihm gehört. Die Einbildungskraft zieht die Liebenden nicht ins Illusorische, sie rebelliert gegen die Vorstellung, dass Liebe nichts als Einbildung sei, indem sie den geliebten Anderen seiner Reduktion auf Tatsachen entreißt. Ich liebe Dich – heißt: Ich liebe das Inkommensurable an dir = deine unwahrscheinliche Präsenz und Singularität.

TAKE CARE

Vergess die Sprache nicht auf dem Weg in die Sprachlosigkeit. Geh deinen Weg, aber nimm die Sprache mit. Sonst bist du verloren.

POETENLEBEN

»Geister und Gedanken«[221] – steht bei Walser, als seien sie dasselbe. Vielleicht sind sie das.

NEID

Peinlichster aller Affekte: der Neid. Eifersucht lässt sich nachvollziehen. Der Neid ist Bankrotterklärung, passiv wie Hass und Ressentiment. Als

Synonym von Neidlosigkeit kann man *Denken* nennen, was ihm widersteht, weshalb Deleuze mit Spinoza dessen Heiterkeit proklamiert. »Neid« sei »Hass oder Trauer, das heißt eine Affektion, die die Wirkungskraft des Menschen oder sein Streben hemmt«[222], konstatiert Spinoza. Denken kann nicht neidisch sein, da ihm Leichtigkeit und Heiterkeit entsprechen, die Attribute seiner Freiheit sind.

UNBEKANNTE SPRACHE

Weil Zynismus Synonym enttäuschter Liebe ist, bleibt dem Zyniker die Liebe verschlossen. Nur die ins Liebesereignis involvierten Subjekte verstehen deren Grammatik. Ihnen gelingt, eine unbekannte Sprache zu sprechen. Der Zyniker wird alles dafür tun, die Liebenden zu analphabetisieren.

PATAPHYSIK DER LIEBE

Die Pataphysik der Liebe ist Metaphysik nur für diejenigen, die sich ihr nicht anvertrauen. Der Realismus der Liebenden opponiert ihren metaphysischen Entstellungen mühelos. Lieben bedeutet, es als Pataphysiker zu tun: mit der Bereitschaft eines an Wissenschaftlichkeit grenzenden Wahnsinns zu wissen, was man tut.

In Zusammenhang mit Walter Benjamin konstatiert Derrida, dass zu dem, was er als »Gemüt oder Mut eines Denkens« bezeichnet, das »um die Angemessenheit und die Gerechtigkeit der Verantwortung weiß«, eine gewisse Rückhaltlosigkeit gehört, wie zur Verantwortung selbst, denn sie gäbe es nur, »wo man sich allen Risiken aussetzt, jenseits der Gewissheit und des guten Gewissens«.[223] Abermals besteht Derrida darauf, dass es kein Denken geben kann, kein verantwortliches Denken und kein Denken der Verantwortung (in Wahrheit sind sie dasselbe), das darauf verzichten könnte, sich aufs Ungewisse zu entsichern, um sich einer nahezu blinden Bewegung anzuvertrauen, deren Affirmation der der Kontingenz gleichkommt, der Unbestimmtheit selbst.[224] Mutig im Denken ist, wer den Mut aufbringt zu denken, statt sich an bewährte Methoden und Gewissheiten zu klammern, die zu kaum mehr als zur Reaffirmation bestehender »Wahrheiten« führen. Mutig ist ein Denken, wenn es sich ins Unbekannte aufschwingt, um den Boden unter den Füßen zu verlieren. Derridas Begriff der Verantwortung besagt ebendies: Man übernimmt Verantwortung nur im Akt einer Selbstüberforderung, indem man Verantwortung noch dafür übernimmt, wofür man die Verantwortung nicht trägt. Deshalb ist Verantwortung im Sinne Derridas keine moralische Kategorie. Sie ist keinerlei

Moral unterstellt. Im Gegenteil, sie bricht mit jeder Moral (ohne ihr zwangsläufig zu widersprechen). Es gibt Verantwortung nur als Selbstverschwendung und Exzess, als Öffnung auf die Dimension einer Inkommensurabilität und Andersheit, deren Folgen unabsehbar bleiben, unkontrollierbar, kontingent. Mit Benjamin und ohne ihn ermutigt Derrida das Denken, sich der Dynamik eines Selbstverlusts anzuvertrauen, der Kraft eines Hingerissenseins, die an die Kraft der Liebe erinnert, die zu den präzisesten Exzessen und Turbulenzen verführt. Kein Denken, das sich solcher Kraft entziehen könnte, ohne sich seiner Verantwortung zu entledigen. Verantwortung impliziert den Mut, weiter zu gehen, als man kann. Zur Verantwortlichkeit des Denkens gehört die Bejahung von Kräften, die es aus seinem Bewusstseinsgehäuse in ein Außen drängen, dessen Erfahrung vernichtend ausfallen kann. Dasselbe gilt für die Liebe. Wer sich aufs Wagnis der Liebe einlässt, riskiert seine Zerstörung. Das hat nichts mit dunkler Romantik zu tun. Zur Realität der Liebe gehört die Transgression noch des romantischen Dispositivs, da Liebe heißt, sich von ihrem Begriff, seinem semantischen Gehalt und seiner Geschichte zu emanzipieren. Es gibt Liebeserfahrungen, die in nichts dem ähneln, was Kino und Literatur davon zeigen. Sie konstituieren die Singularität einer Begegnung, die unverwechselbar bleibt. Mut erfordert solche Liebe, weil sie das Subjekt an den Abgrund seiner Erwartungen führt. Dorthin, wo die

Leere im Herzen seiner selbst erwacht, nicht als Ödnis, sondern als Schauplatz des Unbestimmten und Unheimlichen, inkommensurabler Fülle wie nahezu monströser Intensität.

NOTIZ ZU ROBERT WALSER

»Jeder Dämon wird totgetäscht« – Im Gespräch vom 23. September 1945 mit Carl Seelig bedauert Robert Walser die überhastete Selbstentdämonisierung der »neueren Schweizer Literatur«.[225] Er beruft sich auf Gottfried Keller, bei dem dies noch nicht der Fall sei. Wie so oft kritisiert Walser die Tendenz zur Verharmlosung menschlicher Verhältnisse = des Wirklichen insgesamt. Seine Invektiven richten sich gegen Schönfärberei. Er liegt damit auf der Linie Nietzsches. Es geht um Idealismuskritik oder um das, was man Erwachsensein im Denken nennen kann. Zu ihm gehört der Mut, die Dinge zu sehen, wie sie sind. Man muss die »Abgründe«[226] fokussieren. Sie existieren. Es gibt nicht den geringsten Grund, von ihnen abzusehen. Es sei denn, man macht es sich in der Lüge bequem. Sosehr Walser die Dichotomie Wahrheit/Lüge infrage stellt, so sehr insistiert er auf der Notwendigkeit, den problematischen Aspekten menschlicher Realität nicht auszuweichen. Dieser Appell hat nicht an Aktualität verloren. Auch heute versteckt sich jeder vor Dämonen. Mit Terenz müsste man sagen, dass dem Menschen nichts Menschliches = Unmenschliches fremd ist. Zum Literaturverständnis Walsers gehört die Bereitschaft, Dämonen zu empfangen. Nicht als Inhabitanten einer fremden Welt, sondern als Kohabitanten dieser einen hier. Die Lektion der Psychoanalyse impliziert Empfangsbereitschaft in Bezug auf Gespenster und Ungeheuer, von denen jedes Subjekt sich heimgesucht findet, solange es den Mut aufbringt, sie nicht zu ignorieren.[227] Lacans Strukturalismus ist, wie derjenige von Foucault, einer Humanismuskritik koextensiv, sofern Humanismus heißt, von den inhumanen Anteilen des *homo humanus* abzusehen.[228] Im Horizont von Heideggers Humanismusbrief hat auch Derrida in *Fines hominis* (1968) an der Dekonstruktion des vulgärhumanistischen Idealismus festgehalten. Was die genannten Autoren verbindet, ist ihre Weigerung, dem Fantasma des guten (menschlichen) Menschen anzuhängen. Eben dies ist Denken auf der Höhe menschlich-unmenschlicher Realität: nicht ausschließlich Verurteilung des Verurteilungswürdigen, sondern Auseinandersetzung mit ihm als einem Parameter menschlicher Existenz. Die Ungerechtigkeit sämtlicher Verhältnisse, in denen Menschen auf Menschen treffen, macht aus dem *Humanismus* eine idealistische Vokabel, deren Verzichtbarkeit ungesichert bleibt. Spätestens seit Marx und Nietzsche (eigentlich immer schon!) stellt sich der humanistische Diskurs infrage. Er tut es aus der Position unmöglicher Unschuld. Die einzige Möglichkeit, der Vorstellung von Menschlichkeit und Mitmenschlichkeit (man dürfte hier die nicht menschlichen Tiere nicht auslassen!) gerecht zu werden (einigermaßen gerecht), müsste die Ungerechtigkeiten und Asymmetrien der ins Intersubjektivitätstheater involvierten Positionen nicht nur anerkennen, sondern ins Kalkül ethisch-politischer Erwägungen statt als Konstanten als variable Fakten einbeziehen. Sonst wiederholt sich der pseudohumanistische Leerlauf der schönen Seele, die ihr Engagement für die gute Sache unter Subtraktion realer Verhältnisse zugunsten einer Gutes-Gewissen-Attitüde erschleicht, statt sich erwachsen, das heißt politisch, nicht moralisch, mit diesen Verhältnissen auseinanderzusetzen, ad infinitum. Humanismus nach dem Humanismus ließe sich aufs Wagnis ein, analytische Intelligenz narzisstischer Selbstgerechtigkeit vorzuziehen.

FRAGE AN MAGRITTE

Wie kann man nicht blind sein, ohne zu viel zu sehen?

TEPPICH

Denke dir eine Welt, die, wie ein fliegender Teppich, der sich unter deiner Last aufzulösen beginnt, an allen Enden ausfranst, während du dich, den

Kopf ins Ungewisse gerissen, auf ihm hältst. Es ist die einzige Welt, die du hast. Sie verfügt über kein Fundament. Doch du kannst auf ihr fliegen. Wer weiß, wohin?

ICH BIN NICHT HEGEL, ICH BIN DYNAMIT

Hegels Leistung: seine Systemarchitekturen als Luftschlösser zu konzipieren. Hegel ist Architekt eines Denkens, das seinen eigenen Fundamenten misstraut. Indem er es errichtet, jagt er sein Ideengebäude in die Luft. Er ist der Sprengmeister des Deutschen Idealismus. Der einzige Denker, dem Selbstzersetzung durch Selbstaufrichtung gelingt. Alain Badiou bekennt: »Ich mag ihn bis in seine Verrücktheiten hinein.«[229] Wofür sonst sollte man ihn lieben, wenn nicht für den Wahnsinn eines Denkens, das seine Begriffe konsolidiert, indem es sie sprengt?

ZIRKUSNUMMER

Die nie enttäuschende Genauigkeit der Meditationen Nancys! Lust, die an sich zerfällt, während sie sich an sich entzündet, zeigt dem Subjekt, dass es keine Autoaffektion gibt, die nicht Heteroaffektion wäre. Nicht einmal der äußerste Idealismus widerspricht dem. Sollte es Gegenteiligkeit geben, tut er das Gegenteil. Indem er demonstriert, was er verbirgt, schraubt er in den Himmel, was in die Hölle gehört. Wir bewegen uns in der Wirklichkeit, die vom Lacan'schen Realen nicht zu trennen ist, im, wie Roland Barthes es nennt, »Zirkus der Ideologien«.[230] Der Zirkus ist grausam, weil in ihm genossen wird, was nicht in ihm passiert. Die Manege dient einem Theater, in dem man zwischen Tänzern, Akrobaten und Tieren nicht unterscheiden kann. Alles tummelt sich im Licht der Überforderung, das das einer Immanenz ist, die sich nicht schließt. Der Rückweg zur Transzendenz bleibt versperrt, wie der Glaube, man wäre in der Nicht-Gläubigkeit angelangt.

VERDACHT

Heißt Denken verdächtigen? Klar ist, dass zu ihm Sorgfalt gehört, Reserve, und sogar ein gewisses Misstrauen. Dennoch gibt es kein Denken, das ohne die Suspension seiner Sorgfaltspflicht auskäme. Kein Denken, das nicht beschleunigte! Denken impliziert die Verdächtigung des Verdachts. Nicht, um in Kritiklosigkeit zu münden, sondern um kritisch im Sinne des κρίνειν zu sein, der Aktivierung des Scheidungs- und Urteilsvermögens, das Sorgfalt noch in Bezug auf Sorgfaltsexzesse verlangt. Alle Wörter, Grammatiken und Lexiken stehen unter Verdacht. Derrida konstatiert die längst nicht mehr irritierende Vorstellung, dass das Wort »Emanzipation« schließlich »selbst in einer bestimmten linken Politik in Verdacht gezogen«[231] wurde und immer noch wird. Ist die sich selbst aufklärende Aufklärung dem Komfort unkritischer »Kritizität« gewichen? Denken könnte heißen, kritisch zu bleiben mit der Bereitschaft, seine Wissensbestände, statt ans Unkritische, an die Grenzen der Kritik zu verlieren. Dafür muss es dem Misstrauen misstrauen. Es implizierte Emanzipation, die sich ihrer Fragwürdigkeit und politischen Übersteuerung stellt, statt ins gute Gewissen anti-emanzipatorischer Unterkomplexität zu fliehen.

NOTIZ ZU GOETHE

Goethe lesen: nicht als Entmutigung, weil er Hölderlin und Kleist nicht verstand, sondern als Trost. In den *Maximen und Reflexionen* insistiert er auf »Geist und Gewalt« als den zwei »notwendigsten Eigenschaften«.[232] Goethe lesen hilft dabei, selbstgefälliger Ohnmacht zu widerstehen.

SELBSTAFFEKTIVE TIERLIEBE

Sollte der Mensch versuchen, ein gutes Tier zu sein, muss er sich aus dem Kopf schlagen, dass Tiere die besseren Menschen sind.

WITTGENSTEIN / KAFKA / CANETTI

Der Zweifel habe ein Ende, meint Wittgenstein, wie das Prüfen und die Skepsis. Genau genommen ist das Ende des Zweifels sein Beginn. Damit ich zweifeln kann, muss ich auf etwas vertrauen. Der Zweifel ist von Anfang an am Ende. Das heißt nicht, dass er nicht unaufhörlich sei. Canetti sagt über Kafka: »Kafka ist nie zu Ende. Er kann nicht zu Ende sein. Endlos macht alle Wege der Zweifel.«[233]

BEFRIEDIGUNG

Warum der Sexualität aufhalsen, was sie überfordert: Die Versöhnung mit dem Tod zu leisten? Dass der Tod im Herzen der Sexualität persistiert, stellt keine Versöhnung mit ihm in Aussicht. Eher ist der Sex, was das Subjekt unversöhnt zurücklässt. Was nicht heißt, dass es keine Befriedigung erfährt. Nur handelt es sich um eine Befriedigung, die auf seinen Tod verweist.

KLEIDER

Der Text stammt aus Kafkas Buch *Betrachtung*. Er ist von 1912/13 und heisst *Kleider*:

»Oft wenn ich Kleider mit vielfachen Falten, Rüschen und Behängen sehe, die über schönen Körper schön sich legen, dann denke ich, daß sie nicht lange so erhalten bleiben, sondern Falten bekommen, nicht mehr geradezuglätten, Staub bekommen, der, dick in der Verzierung, nicht mehr zu entfernen ist, und daß niemand so traurig und lächerlich sich wird machen wollen, täglich das gleiche kostbare Kleid früh anzulegen und abends auszuziehn. Doch sehe ich Mädchen, die wohl schön sind und vielfach reizende Muskeln und Knöchelchen und gespannte Haut und Massen dünner Haare zeigen, und doch tagtäglich in diesem einen natürlichen Maskenanzug erscheinen, immer das gleiche Gesicht in die gleichen Handflächen legen und von ihrem Spiegel widerscheinen lassen. Nur manchmal am Abend, wenn sie spät von einem Feste kommen, scheint es ihnen im Spiegel abgenützt, gedunsen, verstaubt, von allen schon gesehn und kaum mehr tragbar.«[234]

Statt es ins Korsett der Interpretation zu zwängen, sollte man dieses Prosastück selbst als Kleid und Maske auffassen. Es hat Rüschen, ist Oberfläche, die zu ihrer Glättung aufruft, die nicht gelingt. Sosehr der Text zur Interpretation aufruft, so sehr weist er jeden tieferen Gehalt zurück. Seine Verführungskraft liegt im Zeigen aufs Nichts, das sich auf seiner Oberfläche spiegelt, wie die Sonne auf dem Meer. Im Spiegel hat sich immer nur das Nichts gezeigt. Nie finden die Mädchen sich darin.

Der Spiegel lügt, indem er vorgibt, ihr Aussehen (εἶδος) zu reflektieren: die »vielfach reizende[n] Muskeln und Knöchelchen«, die »gespannte Haut und Massen dünner Haare«. Er manifestiert das Nichts in der Erscheinung. Leere als Maskenspiel. Wer sich Nacktheit hinter Texten oder Erscheinungen verspricht, wird enttäuscht. Sie sind Indizien unmöglicher Nacktheit. Die Mädchen wissen es genau. Nichts ist ihnen weniger erlaubt, als nackt zu sein. Nackt sind sie nackt. Noch ihre Träume sind Konfektion.

GESPENSTISCHE WAHRHEIT

Seit ihren Anfängen hat die Philosophie sich als Pluralität des Wahrsagens artikuliert, um auf der Wahrheit als der Instanz des Unaussprechlichen zu insistieren, um also zu sagen, dass sie unsagbar sei. Die Wahrheit genannte Inkommensurabilität erhält den Status des Nichtobjektivierbaren. Das in der Edition von Diels und Kranz dritte Fragment des Parmenides lautet: τὸ γὰρ αὐτὸ νοεῖν ἐστίν τε καὶ εἶναι. Heidegger übersetzt: »Das Selbe nämlich ist Vernehmen (Denken) sowohl als auch Sein.«[235] Auch wenn der Wahrheitsbegriff nicht fällt, ist die Nähe des thomistischen Wahrheitskonzepts unübersehbar: *veritas est adaequatio intellectus et rei*. Wahrheit ist die Übereinstimmung von Geist und Sache. Es geht um das Zusammenspiel von Denken und Denkgehalt, Subjekt und

Objekt, wie man später sagt. Wenn Wahrheit ihren Ort außerhalb des Aussagesatzes hat, wie Heidegger mit seiner Bestimmung der griechischen ἀλήθεια als Unverborgenheit meint, dann heißt dies auch, dass sie jede Propositionsgrammatik übersteigt. Sie ist auch bei Heidegger Entzugsfigur, λήθη, Verborgenheit. Auf diesen Wahrheitsbegriff, der die Grenze des Denkens indiziert, richtet sich Philosophie noch in der psychoanalytischen Theorie Jacques Lacans. Die Wahrheit, die das Reale ist, lässt sich nur halb sagen. Zugleich wird es einem nie gelingen, sie erfolgreich ins Imaginäre oder Symbolische zu fliehen. Sie ist das nicht zu Fliehende, das sich entzieht. Hierin liegt ihre Monstrosität, die die Philosophie, die Literatur, den Film, die Musik in Atem hält. Die Figur des Wahrheitsgespenstes ist bekannt. Man darf ihm nicht zu nah kommen und doch ist es unendlich nah. Noch das Denken des späten Wittgenstein beugt sich dem Imperativ, nicht an den Anfang zu rühren: es bestenfalls *ex negativo* zu tun; psychoanalytisch formuliert: die Psychose in die Neurose zu fliehen! Das Wahrsagen der Philosophie ist zum Scheitern verurteilt. Philosophie erweist sich als ein an Kafka gemahnendes Verurteiltsein (in äußerster Nähe zum Äußersten – dem *Gesetz* oder *Schloss* – bleibt der Mensch von ihm ausgeschlossen). Sie ist Infinitesimalphilosophie[236], insofern sie in der Ordnung des Zählbaren verbleibt, während es sie zur Null zieht, ins Chaos oder Nichts.

GERICHT

Kant zerrt die Vernunft vor den »Gerichtshof«, dem sie urteilend vorsteht. Canetti imaginiert ein Tribunal der Tiere. Es unterschiede sich vom Kantischen, das auf reiner Vernunft basiert, befreit von Pathologien und Neigungen. Canettis Szene: »Vor den Thronen der Tiere standen demütig Menschen und erwarteten ihr Urteil.«[237] Man ahnt, dass das Urteil vernichtend ausfällt. Der Mensch hält dem richterlichen Blick der Tiere nicht stand. Zu welchem Urteil kommen sie? Was ist die Strafe? Canetti lässt es offen. Man darf vermuten, dass das Urteil *lebenslänglich* lautet und dass die Strafe darin besteht, in der Lüge gefangenes Tier zu sein, das sich für menschlich hält, während die nichtmenschlichen Tiere sich darüber amüsieren.

NICHT BESSER

Der Appell, es möge anders sein, zielt nicht aufs Bessere. Anders wäre genug.

NOTIZ ZU HANDKE

Das Denken/Dichten, das sich Imperative sucht, und seien es solche der richtigen Sprache, verrät sich unmittelbar. Peter Handke spricht von den

»hohlen Normsprechern«[238], die nicht sehen, dass Literatur ins Unbestimmte reicht, ins Leere oder Bedeutungslose. Sie muss wertfrei sei, um Wert zu generieren.

TROPFEN

Kafkas Immanenzformel: »Kein Tropfen überfließt und für keinen Tropfen ist mehr Platz.«[239]

BLUME

Mehr als ein Text Derridas ist den Blumen gewidmet. Ihre Frivolität verstört. Die Blume ist Maskerade und Abgrund. Niemand verzichtet auf ihren Duft, der in den Wahnsinn treibt. Als sei sie Lüge, auf die man nicht verzichten kann. Ihre Unvollkommenheit macht sie zum Exempel der verrücktspielenden Schönheit (*pulchritudo vaga*), auf die Kants *Kritik der Urteilskraft* (1790) anspielt. Es geht um den Sturz aus dem Reich der Zwecke. Wäre das Wort nicht veraltet, spräche man von ihrer Liederlichkeit. Ihr Anblick zerrüttet das gesunde Urteil. Ihr Geruch verführt zur Sünde, während sie den Zerfall jeden Regelwerks exemplifiziert. Blumen können schön und schrecklich sein. Die Blüte kündigt den Tod an. Ihr Kelch ist seine Trompete. An den Blumen irritiert ihre Schamlosigkeit. Man muss sich die

Inkonsistenz der Blumenreligionen vergegenwärtigen und den Stolz eines Subjekts, dem es nicht gelingt, ihrer Frivolität zu widerstehen. »Die Blumen anbeten, vor ihnen auf die Knie fallen, dies ist nur möglich auf der Schwelle zur Schuld.«[240] Kein Subjekt, das diese Schwelle nicht überschritten hätte! Was wir Subjekt nennen, ist Produkt dieser Überschreitung. Am Limes seines Todes rührt es an die Obszönität, geboren worden zu sein.

PARADIES

Bei Roland Barthes: der Traum einer leeren Sprache. Sie käme sprudelnder Wortlust gleich. Das Subjekt bewegte sich in ihr mit vollkommener Unschuld. Es befände sich im »Paradies der Wörter«. Keines unterläge der geringsten Überwachung. Der Text entspräche einer »Heterologie durch Fülle«.[241] Nur würde sich diese Fülle der Leere der Wörter verdanken, ihrem gedankenlosen Sichtummeln im Element der Bedeutungslosigkeit. Jenseits des Verbots und jenseits der Erlaubnis (die nichts als eine Art positives Verbot darstellt) käme in dieser Sprache jedes Wort zur Geltung, ohne gelten zu müssen, ohne Bedeutung und Sinn zu transportieren. Nackte Sprache, die den Worten ihre Nacktheit erstattet, indem sie ihnen Auslauf in grenzenloser Freiheit gewährt. Traum von einer Sprache, die noch nicht arbeitet oder nicht mehr.

Dermaßen verspielte Sprache, dass nicht einmal ihr Spielen als solches erscheint, so unbefangen träte sie auf, so gänzlich ohne Maß und Funktion. Sprache im Urzustand, wie er nicht existiert. Verfügte sie über ein Bewusstsein, koinzidierte es mit aus dem Nichts ins Nichts rieselnder Präsenz. Mit einer Sprache also, die keine ist. Als hätte sie sich ins Vorgeburtliche versenkt.

VORURTEIL

Ein hartnäckiges Vorurteil knüpft die Fantasie ans Illusorische. Dabei hat Fantasie nichts mit Fantasterei zu tun. Fantasie ist das Vermögen, das Regime der etablierten Konsistenzen, Fiktionen, Erwartungen und Begriffe, das wir Wirklichkeit nennen, seiner Arbitrarität zu überführen.

WOLKEN

Wittgenstein warnt vor dem, was er »billigen Symbolismus« nennt. Statt ums Gewölk geht's ihm um Wolken. Denken heißt, »sich freizumachen von einer Symbolik, die zur Routine werden kann. Das heißt freilich nicht versuchen sie wieder flach zu sehen sondern die Wolken des, sozusagen, billigen Symbolismus in einer höheren Sphäre wieder zu verdampfen (so daß die Luft wieder durchsichtig wird).«[242] In dieser höheren Sphäre ist die Luft leer oder unendlich dünn. Es ist die einzige Luft, in der das Denken atmen kann.

WOHIN

… vor dem Wahnsinn fliehen?

Anmerkungen

1 Dieter Henrich vermerkt zu Becketts Menschen: »Sie fallen, aber ins Leere; sie warten, aber auf niemanden; sie hoffen, aber auf den Frieden und die Stille des Nichts.« Siehe Dieter Henrich, »Zwei Studien über Beckett«, in: ders., *Fixpunkte. Abhandlungen und Essays zur Theorie der Kunst*, Frankfurt a. M. 2009, S. 245, sowie ders., *Sein oder Nichts. Erkundungen um Samuel Beckett und Hölderlin*, München 2016.

2 Samuel Beckett, *Der Namenlose*, in: ders., *Drei Romane: Molloy, Malone stirbt, Der Namenlose*, Berlin (vormals Frankfurt a. M.) 2017 (4. Aufl.), S. 566. Zu einer leninistischen Lesart von Becketts »Wieder versuchen. Wieder Scheitern. Besser scheitern« (Samuel Beckett, *Worstward Ho / Aufs Schlimmste zu*, Frankfurt a. M. 1989, S. 7), siehe Slavoj Žižek, *Willkommen in interessanten Zeiten!*, Hamburg 2011, S. 71.

3 Alain Badiou, *Beckett. Das Begehren ist nicht totzukriegen*, Zürich / Berlin 2006, S. 8.

4 Samuel Beckett, *Worstward Ho / Aufs Schlimmste zu*, a. a. O., S. 6 u. 7.

5 Ebd., S. 8 u. 9.

6 Gilles Deleuze, »Erschöpft«, in: Samuel Beckett, *Quadrat. Stücke für das Fernsehen*, Frankfurt a. M. 1996, S. 51 (Zitat grammatikalisch modifiziert).

7 »Die Annahme [oder auch Hinnahme]«, schreibt Wittgenstein, »bildet die Grundlage des Handelns und also natürlich auch des Denkens.« Siehe Ludwig Wittgenstein, *Über Gewißheit*, hrsg. von G. E. M. Anscombe und G. H. von Wright, Frankfurt a. M. 1970, S. 106.

8 Gilles Deleuze, »Erschöpft«, a. a. O., S. 54.

9 Ebd., S. 56.

10 Samuel Beckett, »Deutscher Brief von 1937«, in: ders., *Disjecta. Vermischte Schriften und ein szenisches Fragment*, Berlin 2010, S. 71–75.

11 Dieter Henrich, »Zwei Studien zu Beckett«, a. a. O., S. 249–262.

12 Mit Nancy lässt sich Schreiben folgendermaßen verstehen: »Was nicht antwortet auf ein Modell der Aneignung von Bedeutung, welches auch immer, was den Bezug und mit ihm das Bedeuten eröffnet, das ist, was wir das Schreiben, die Schrift nennen. Wenn es, insistierend, eine moderne Tradition von Schrift gibt, so hat sie diesen Sinn, und nur ihn: ›Schrift‹ ist eben das, was der Bedeutung vorausgeht, was ihr folgt und über sie hinausgeht, nicht als eine andere, (auf)gehobenere und stets aufgeschobene Bedeutung, sondern als die Fährte, die Bahnung des Bedeutens, durch die es möglich ist, dass Bedeutungen nicht nur gestiftet, bedeutet werden, sondern *dadurch Sinn machen, dass sie von den einen zu den anderen weitergereicht und (mit-) geteilt werden*. Der Sinn ist fortan nicht das ›Bedeutete‹ oder die ›Botschaft‹: Er ist, *dass etwas wie die Übermittlung einer ›Botschaft‹ möglich ist*. Er ist der Bezug als solcher, und nichts anderes.« Siehe Jean-Luc Nancy, *Der Sinn der Welt*, Zürich 2014, S. 165.

13 Samuel Beckett, »Deutscher Brief von 1937«, a. a. O., S. 74.

14 Ebd., S. 75. »Becketts Prosa« sei schön, schreibt Badiou, »weil sie von der Sorge erfüllt ist, von der Prosa selbst nichts zu verlangen, als sich so nah wie möglich an das zu halten, woraus sich letztlich jede Existenz zusammensetzt: an die leere Bühne des Seins, an das Halbdunkel, in dem alles sich abspielt, das aber selbst nichts spielt; und an die Ereignisse,

die es plötzlich bevölkern und die am anonymen Ort wie Sterne sind, wie Löcher in der fernen Leinwand des Welttheaters.« Siehe Alain Badiou, *Beckett. Das Begehren ist nicht totzukriegen*, a. a. O., S. 65.

15 Adorno spricht vom »Differential von Freiheit inmitten der Determination«. Siehe Theodor W. Adorno, *Ästhetische Theorie*, Frankfurt a. M. 1970, S. 260.

16 Dieter Henrich, »Zwei Studien zu Beckett«, a. a. O., S. 246.

17 Wie Beckett, konstatiert Vircondelet, setze Duras »Menschen in Szene, die nach Worten dürsten und warten«. Siehe Alain Vircondelet, *Marguerite Duras*, Freiburg 1992, S. 221. Erinnern wir daran, dass Beckett 1956 Zuschauer der Aufführung von Duras' erstem Theaterstück *Le Square* im Studio des Champs-Elysées war (angeblich kam er viermal, um das Stück zu sehen). Vgl. Doris Kolesch und Gertrud Lehnert, *Marguerite Duras*, München 1996, S. 159, sowie: Marcus Steinweg und Rosemarie Trockel, *Duras*, Berlin 2008.

18 Theodor W. Adorno, »Versuch, das Endspiel zu verstehen«, in: ders., *Noten zur Literatur II*, Frankfurt a. M. 1961, S. 190.

19 Das Subjekt steht nackt in der Welt. Deshalb impliziert die humorvolle Bejahung des Unausweichlichen ein Moment heiterer Resistenz. Der Humor ist ihr Produkt statt Ausdruck ihrer Leugnung. Er koinzidiert mit Souveränität. Nichts liegt ihm ferner als Omnipotenz. Er strebt nicht nach Kontrolle. Im Humor liegt Bereitschaft, sich auf Verhältnisse einzulassen, deren Verlauf unkontrollierbar bleibt.

20 Theodor W. Adorno, »Versuch, das Endspiel zu verstehen«, a. a. O., S. 190.

21 Zur Engführung von Beckett und Derrida: Asja Szafraniec, *Beckett, Derrida, and the Event of Literature*, Stanford UP 2007.

22 Theodor W. Adorno, *Negative Dialektik*, Frankfurt a. M. 1970, z. B. S. 15.

23 Zur »Konvergenz von Tragödie und Komödie« angesichts des *Erhabenen* bzw. sich entziehenden *Absoluten*, mit Blick auf Adorno und Beckett, vgl. Albrecht Wellmer, *Endspiele: Die unversöhnliche Moderne. Essays und Vorträge*, Frankfurt a. M. 1993, S. 180 ff.

24 Theodor W. Adorno, »Versuch, das Endspiel zu verstehen«, a. a. O., S. 195. Die »außerordentliche Gewalt« von Adornos Beckett-Interpretation samt ihrer Pauschalverurteilung des »Existenzialismus« moniert bereits Critchley. Siehe Simon Critchley, *Very Little... Almost Nothing. Death, Philosophy, Literature*, London / New York 1997, S. 199.

25 Zitiert nach Samuel Beckett, *Was bleibt, wenn die Schreie enden? Briefe 1966–1989*, Berlin 2018, S. 755 (Anmerkungen).

26 Theodor W. Adorno, »Versuch, das Endspiel zu verstehen«, a. a. O., S. 202. »Die Kunst«, sagt Badiou, mit Verweis auf Becketts *Warten auf Godot*, »bezeugt, daß es Unmenschliches im Menschen gibt«. Siehe Alain Badiou, *Das Jahrhundert*, Zürich / Berlin 2006, S. 196.

27 Samuel Beckett, »Endspiel«, in: ders., *Dramatische Dichtungen I*, Frankfurt a. M. 1963, S. 249 (Übersetzung modifiziert).

28 Samuel Beckett, *Was bleibt, wenn die Schreie enden? Briefe 1966–1989*, a. a. O., S. 120.

29 Zur Äquivalenz von Leben und Überleben vgl. Derridas letztes Interview: Jacques Derrida, *Leben ist Überleben*, Wien 2005.

30 Womöglich gibt es kein Warten jenseits einer gewissen Verstiegenheit. Wartend versteigt sich das Subjekt in der Erwartung des Kommenden, das ihren Gehalt übersteigt. Wer wartet, tut es in der Hoffnung, überrascht zu werden. Noch wenn das Erwartete den Wartenden erreicht, übersteigt es seine Erwartungen, weshalb Derrida von erwartungsloser Erwartung sprechen kann. Im Kommen überkommt das Kommende den Wartenden als Unwahrscheinlichkeit.

31 Maurice Blanchot, *Warten Vergessen*, Frankfurt a. M. 1964, S. 13.

32 Ebd.

33 Samuel Beckett, *Was bleibt, wenn die Schreie enden? Briefe 1966–1989*, a. a. O., S. 909.

34 Theodor W. Adorno, »Versuch, das Endspiel zu verstehen«, a. a. O., S. 192: »Er [Beckett] zuckt die Achseln über die Möglichkeit von Philosophie heute, von Theorie überhaupt.«

35 Jean-Luc Nancy, *Philosophische Chroniken*, Zürich / Berlin 2009, S. 16.

36 Samuel Beckett, »ausgeträumt träumen«, in: ders., *Stücke / Kleine Prosa*, Frankfurt a. M. 1967, S. 359.

37 Samuel Beckett, *Der Namenlose*, a. a. O., S. 414.

38 Ebd.

39 Alain Badiou, *Beckett. Das Begehren ist nicht totzukriegen*, a. a. O., S. 10.

40 Vgl. Jacques Lacan, »Das Drängen des Buchstabens im Unbewussten oder die Vernunft seit Freud«, in: ders., *Schriften II*, Freiburg i. B. (Olten), S. 43.

41 Samuel Beckett, *Wünsch Dir nicht, daß ich mich ändere. Briefe 1957–1965*, Berlin 2016, S. 180.

42 Samuel Beckett, »Endgame«, in: ders., *The Complete Dramatic Works*, London (Faber and Faber) 1986, S. 119.

43 Samuel Beckett, *Wünsch Dir nicht, daß ich mich ändere. Briefe 1957–1965*, a. a. O., S. 169.

44 Vgl. Jacques Lacan, *Die vier Grundbegriffe der Psychoanalyse*, Das Seminar Buch 11, Freiburg i. B. (Olten) 1980 (2. Aufl.), S. 65. »So wäre die einzige zutreffende Formel für den Atheismus nicht: *Gott ist tot* (...) – die einzige zutreffende Formel für den Atheismus wäre: dass *Gott unbewußt ist.*«

45 Gottfried Benn, »Regressiv« (1927), in: ders., *Gesammelte Werke in vier Bänden*, Bd. 3: *Gedichte*, hrsg. v. Dieter Wellershoff, Wiesbaden 1958–1961, S. 131.

46 Samuel Beckett, *Weitermachen ist mehr, als ich tun kann. Briefe 1929–1940*, Berlin 2013, S. 302.

47 »Die Kunst ist eine Harmonie, die parallel zur Natur verläuft«, schreibt Cézanne am 26. September 1897 an Joachim Gasquet; »was soll man von den Dummköpfen halten, die behaupten, daß der Künstler immer der Natur unterlegen ist?«. Siehe Paul Cézanne, *Briefe*, Zürich 1962, S. 243.

48 Samuel Beckett, *Weitermachen ist mehr, als ich tun kann. Briefe 1929–1940*, a. a. O., S. 302.

49 Ebd.

50 Susan Sontag, *Ich schreibe, um herauszufinden, was ich denke. Tagebücher 1964–1980*, München 2013, S. 152.

51 Dem Verhältnis von Langeweile und Schreiben nähert sich Roland Barthes in: ders., *Die Vorbereitung des Romans. Vorlesung am Collège de France 1978–1979 und 1979–1980*, Frankfurt a. M. 2008, S. 407 ff.

52 Susan Sontag, *Ich schreibe, um herauszufinden, was ich denke. Tagebücher 1964–1980*, a. a. O., S. 287 (Zitat grammatikalisch modifziert).

53 Gilles Deleuze, »Erschöpft«, a. a. O., S. 56.

54 Susan Sontag, *Ich schreibe, um herauszufinden, was ich denke. Tagebücher 1964–1980*, a. a. O., S. 194.

55 Samuel Beckett, *Wünsch Dir nicht, daß ich mich ändere. Briefe 1957–1965*, a. a. O., S. 484.

56 Ebd., S. 483.

57 Ebd.

58 Alain Badiou, *Beckett*, a. a. O., S. 63. Von der »Hartnäckigkeit« meint Badiou, dass, auch wenn man nicht erführe, »›wer‹ Godot« sei, es genüge festzustellen, »daß er Emblem« für die »Hartnäckigkeit, mit der alle wünschen, es möge etwas geschehen«, sei (S. 64). Womöglich gilt für den Signifikanten *Godot*, was Wittgenstein zufolge für den Signifikanten *Gott* gilt: »Wie Du das Wort ›Gott‹ verwendest, zeigt nicht, *wen* Du meinst – sondern, was Du meinst.« Siehe Ludwig Wittgenstein, *Vermischte Bemerkungen*, Frankfurt a. M. 1977, S. 97.

59 Samuel Beckett, *Warten auf Godot / En attendant Godot / Waiting for Godot*, Frankfurt a. M. 1972, S. 221.

60 Samuel Beckett, »Texte um Nichts«, in: ders., *Erzählungen und Texte um Nichts*, Frankfurt a. M. 1984, S. 163.

ZWEITER TEIL: VON NICHTS ZU NICHTS

61 Simone Weil, *Cahiers / Aufzeichnungen 4*, München / Wien 1998, S. 163.

62 Maurice Blanchot, *Vergehen* [*Le pas au-delà*], Zürich 2011, S. 132. Nancy stellt einem seiner Texte aus *Le sens du monde* folgende Zeilen von Michel Deguy voran: »Der Pfeil berührt ein Ding in der Nacht / die so sein Ziel wird / ein Sinn sind wir / zeichendurstig. / La flèche touche une chose dans la nuit / qui en devient sa cible / un sens nous sommes /

avides de signes.« In: Jean-Luc Nancy, *Der Sinn der Welt*, Zürich / Berlin 2014, S. 165.

63 Albert Camus, *L'Étranger*, Paris 1942, S. 171.

64 Franz Kafka, *Briefe an Milena*, Frankfurt a. M. 1986, S. 259.

65 Franz Kafka, *Briefe an Milena*, Frankfurt a. M. 2015, S. 205. Er bestehe aus Angst, schreibt Kafka am 9. August 1920 an Milena. Seine Literatur entspringt der Angst. Kafka weiß, dass ihr auszuweichen hieße, seine Existenz zu negieren. Das bringt ihn zum Lachen. Sein Lachen kommt aus der Tiefe eines Abgrunds, der sich nicht schließt. Deshalb kann er sagen, es gäbe Hoffnung, doch nicht für uns.

66 Maurice Blanchot, *Die Schrift des Desasters*, München 2005, S. 142; vgl. hierzu: Marcus Coelen (Hg.), *Die andere Urszene*, Zürich / Berlin 2008. Dass das »nach Draußen« gerufene Denken kein »ins Jenseits« gerichtetes sei, darauf kommt Blanchot mit oder ohne Nietzsche unermüdlich zu sprechen. Vgl. Maurice Blanchot, »Nietzsche und die fragmentarische Schrift«, in: ders., *Das Neutrale. Philosophische Schriften und Fragmente*, hrsg. von Marcus Coelen, Zürich / Berlin 2010, S. 189.

67 Hat man je vermocht, der Leere (im Subjekt, im Wirklichen insgesamt) zu entsprechen, ohne sie durch Begriffe, Wörter, Formen, Zeichen, Klänge zu neutralisieren? Oder ist der Versuch solcher Neutralisierung (sei er beabsichtigt oder nicht) bereits das Eingeständnis seiner Unmöglichkeit? Erst die Leere, die ihrer Neutralisierung in faktischer Reduktion auf ästhetische wie noetische Kategorien widersteht, kann Leere im ontologischen Wortsinn sein. Das aber heißt: Sie erscheint im Moment ihres Verschwindens, weshalb sie als ein Synonym der

Wahrheit gelten kann, die ihre Präsenz durch Absenz beweist.

68 Marguerite Duras, *Yann Andrea Steiner*, Frankfurt a. M. 2000, S. 27. Dass ein »Hauch von Wahnsinn«, ein »psychotische[r] Atem« (Gilles Deleuze, *Kritik und Klinik*, Frankfurt a. M. 2000, S. 99), jede Literatur durchzieht, wie Deleuze sagt, gilt auch für die Literatur, die sich Philosophie nennt. Kein Denken zählt, das nicht aus der Erfahrung des Entgleitens der Sinne, der Labilität der Existenz, der Vergeblichkeit der Erwartungen kommt. Deleuze hat diese Erfahrung – die »Leere in der Sprache« (ebd., S. 101) schafft, wie Bartlebys berühmtes *I prefer not to* – zum Ausgangspunkt seines Denkens gemacht, ohne Zugeständnisse an die Verzweiflung zu machen. Sein Affirmationismus ist keiner der Gutheißung der Dinge. Es ist einer der Bejahung des Chaos, das sämtliche Konsistenzen heimsucht: Widerstand gegenüber der doxologischen Konsumierbarmachung der Welt. Das Fenster zum Chaos muss offengehalten werden, damit die Philosophie sich nicht in Dogmatik bzw. Metaphysik ergeht (vgl. Cornelius Castoriadis, *Fenêtre sur le Chaos*, Paris 2007; vgl. Emil M. Cioran, *Fenêtre sur le Rien*, Paris 2019). Die Strenge des Deleuze'schen Denkens kommt aus der Kraft dieser Öffnung. Weil es sich dem Chaos stellt, ist das Denken nicht selbst chaotisch (und auch nicht metaphysisch!). Es bezeugt die Macht des Chaos, indem es sich von ihm affizieren lässt, ohne auf die Arbeit des Begriffs verzichten zu wollen. Man wird einsehen müssen, dass Begriffe die chaotische Mannigfaltigkeit des Seienden nicht neutralisieren. Sie gewähren ihr Exil. Statt sie in Begriffskäfige einzuschließen, gewährt die Philosophie ihr unendlich viel Raum, indem sie sich

Mutationen überlässt, die zu einem neuen Bild des Denkens führen. Der psychotische Atem, der sie durchzieht, geht nicht auf Kosten von Genauigkeit und Strenge. Angesichts des Chaos kann das Denken nur präzise ausfallen. Doch es handelt sich um eine Präzision, die aus dem Wahnsinn kommt.

69 Mit Emily Dickinson rührt Duras an den Abgrund. Was sie Schreiben nennt, ist Ausdruck dieser Erfahrung. Da ist zu viel Licht. Sonne, die die Augen verbrennt. Schreiben heißt, in die Verbrennung einzuwilligen. Der Text wird zum Dokument seiner Unmöglichkeit. Angst zerreißt jeden Satz. Da ist nichts als die Leere, die einem den Atem nimmt. Kann man sich beim Verrücktwerden zusehen? War das die Frage Foucaults? Wer bezeugt das Unbezeugbare? Gibt es Worte für das Ausbleiben der Sprache? Duras' Schreiben impliziert die Affirmation des Unmöglichen. Es geht darum, sich beim Entgleiten des Sinns zuzusehen.

70 »Alle menschliche Potenz ist gleichursprünglich Impotenz«, kann Agamben behaupten, solange Impotenz, statt bloß »Abwesenheit von Potenz«, ihren verweigerten Gebrauch darstellt. Vgl. Giorgio Agamben, *Die Erzählung und das Feuer*, Frankfurt a. M. 2017, S. 42.

71 Marguerite Duras, *Yann Andrea Steiner*, a. a. O., S. 35.

72 Ebd., S. 34.

73 Fernando Pessoa, *Das Buch der Unruhe des Hilfsbuchhalters Bernardo Soares*, Frankfurt a. M. 1987, S. 168 (Zitat grammatikalisch modifiziert).

74 Vgl. Marcus Steinweg, *Proflexionen*, Berlin 2019, S. 10.

75 Jean-Luc Nancy, *Ego sum*, Zürich / Berlin, S. 77 f.

76 Wenn »sich etwas ›von selbst versteht‹«, konstatiert

Barthes, »muß man genauer hinsehen – um dann zu bemerken, daß dieses ›Selbstverständliche‹ aus vielen unbeantworteten Fragen besteht«. Siehe Roland Barthes, *Wie zusammen leben. Simulationen einiger alltäglicher Räume im Roman. Vorlesung am Collège de France 1976–1977*, Frankfurt a. M. 2007, S. 150.

77 Fernando Pessoa, *Das Buch der Unruhe des Hilfsbuchhalters Bernardo Soares*, a. a. O., S. 170.

78 Zur Dialektik oder zum Wechselspiel von Fülle und Leere, Sein und Nichts, Anwesenheit und Abwesenheit in der taoistischen Ontologie im traditionellen chinesischen und japanischen Denken verweise ich allzu summarisch auf: Keiji Nishitani, *Was ist Religion?*, Frankfurt a. M. / Leipzig 2001; François Cheng, *Fülle und Leere. Die Sprache der chinesischen Malerei*, Berlin 2004; Byung-Chul Han, *Abwesen. Zur Kultur und Philosophie des Fernen Ostens*, Berlin 2007.

79 Fernando Pessoa, »Brief an Santa-Rita Pintor [26. April 1916]«, in: ders., *Dokumente zur Person und ausgewählte Briefe*, Zürich 1988, S. 82.

80 Jacques Lacan, *Meine Lehre*, Wien 2008, S. 33.

81 »Es ist so schwer, den *Anfang* zu finden. Oder besser: Es ist schwer, am Anfang anzufangen. Und nicht zu versuchen, weiter zurückzugehen.« In: Ludwig Wittgenstein, *Über Gewißheit*, a. a. O., S. 123.

82 Vgl. Martin Heidegger, *Beiträge zur Philosophie (Vom Ereignis)*, GA 65, Frankfurt a. M. 1989.

83 Siehe Martin Heidegger und Eugen Fink, *Heraklit*, Seminar WS 1966/67, Frankfurt a. M. 1970, S. 222. Vgl. Hans-Georg Gadamer, *Der Anfang des Wissens*, Stuttgart 1999, S. 85; zu Fr. B 26 (»ἄνθρωπος ἐν εὐφρόνῃ φάος ἅπτεται ἑαυτῷ ἀποσβεσθεὶς ὄψεις. ζῶν δὲ ἅπτεται τεθνεῶτος εὕδων, ἐγρηγορὼς

ἅπτεται εὕδοντος« – »Der Mensch in der Nacht zündet sich ein Licht an, wenn die Augen erloschen sind. Lebend rührt er an den Toten, erwacht rührt er an den Schlafenden«).

84 Martin Seel, *Nichtrechthabenwollen. Gedankenspiele*, Frankfurt a. M. 2018, S. 13.

85 Roland Barthes, *Die Körnung der Stimme. Interviews 1962–1980*, Frankfurt a. M. 2002, S. 302.

86 Ebd., S. 303.

87 Nancy schreibt, dass es die »eigene Sinn- und Richtungslosigkeit« (Jean-Luc Nancy, *Philosophische Chroniken*, Zürich / Berlin 2009, S. 20) ist, die das denkende Leben affiziert, also berührt und aufrührt, verlangsamt oder beschleunigt, in die Heiterkeit oder Traurigkeit treibt. »Es ist ein Lebender, der philosophiert« (ebd., S. 19) bedeutet auch, dass es ein mit allen Schwierigkeiten des Lebens konfrontiertes Subjekt ist. Weder schließt es sich in die Intellektualität ein, noch richtet es sich gegen sie auf. Es verknüpft sein Wissen mit allem, was es nicht weiß. So lebt es seine Affekte, noch wenn es sich ihnen nicht beugt. Affiziertsein heißt Aktiviertsein. Die Impulse dazu bezieht das Subjekt nicht aus sich. Sie kommen von außen. Ohne das Leben zwingend zu bedrängen, übersteigen sie es. Sein Aufgerührtsein treibt es in die Selbstredefinition. Denken ist der Prozess, der sich ein abschließendes Urteil in Bezug auf die philosophischen Fragen versagt, was nicht bedeutet, dass es ohne den Mut zur Antwort auskommt. Am Grund des Denkens kreuzen sich, um Kafka zu paraphrasieren, ein Lachen und ein Zittern. Sie sind das Produkt des Affiziertseins wie Ausdruck seines der Sinn- und Richtungslosigkeit zugewandten Muts.

88 Paul Valéry, *Ich grase meine Gehirnwiese ab*, Berlin 2011, S. 176 f.

89 Michel Foucault, *Das giftige Herz der Dinge. Gespräch mit Claude Bonnefoy*, Zürich / Berlin 2012.

90 Martin Heidegger, »Bauen Wohnen Denken«, in: ders., *Vorträge und Aufsätze*, GA 7, Frankfurt a. M. 2000, S. 145–164.

91 Walter Benjamin, *Das Passagen-Werk*, GS 5, Frankfurt a. M. 1982, S. 307.

92 Roland Barthes, *Der Eiffelturm*, Berlin 2015 (2. Aufl.), S. 24.

93 Ebd.

94 Franz Kafka, *Reisetagebücher in der Fassung der Handschrift*, GW 12, Frankfurt a. M. 1987, S. 73.

95 Roland Barthes, *Die Körnung der Stimme. Interviews 1962–1980*, a. a. O., S. 224.

96 Heiner Müller, *Rotwelsch*, Berlin 1982, S. 120.

97 Walter Benjamin, *Berliner Kindheit um Neunzehnhundert*, Frankfurt a. M. 2017 (3. Aufl.), S. 126 ff.

98 Michel Foucault, *Das giftige Herz der Dinge. Gespräch mit Claude Bonnefoy*, Zürich 2012, S. 35.

99 Michel Foucault, *Archäologie des Wissens*, Frankfurt a. M. 1981, S. 34.

100 Vom »Wahnsinn des Tages«, dem Blanchot einen gleichnamigen Text gewidmet hat, schreibt Kafka: »Unsere Kunst ist ein von der Wahrheit Geblendet-Sein: Das Licht auf dem zurückweichenden Fratzengesicht ist wahr, sonst nichts« (Franz Kafka, *Zürauer Aphorismen*, Nr. 63). Die Erfahrung der Wahrheit geht mit Geblendetsein einher. Man darf sich der Sonne nicht ohne Schutz nähern, weshalb Deleuze und Guattari vom »Sonnenschirm« (Gilles Deleuze und Félix Guattari, *Was ist Philosophie?*, a. a. O., S. 239) gegen das Chaos sprechen. Jean-Luc Nancy evoziert die »schreckliche schwarze Sonne« von Victor Hugo (Jean-Luc Nancy, *Der Sinn der Welt*, Zürich / Berlin 2014, S. 64; vgl. ders., *Das Gewicht eines*

Denkens, Düsseldorf / Bonn 1995, S. 27). Sie indiziert einen Sinn ohne Sinnhaftigkeit: die Loskettung der Erde von der Sonne, wie sie Nietzsche beschreibt, das Chaos, die Wüste, den unendlich leeren Raum, in den sich der Mensch gestellt sieht oder geworfen, das Desaster Blanchots zwischen Sein und Nichts, die primordiale ontologische Zerrüttung des akosmischen Kosmos. Unter diesem Himmel ohne Gott irrt das Subjekt ohne die geringste Hoffnung auf finale Konsistenz. Eingelassen in den Strom des Werdens, der seine Existenz mit sich fortreißt und immer aufs Neue zerreißt. Bevor sie zur Allegorie der Depression wird, ist die schwarze Sonne bereits diejenige Platons: ἐπέκεινα τêς οὐσίας, jenseits des Seins (Platon, *Politeia*, 509 b). Während sie Sichtbarkeit erzeugt, bleibt sie selbst unsichtbar. Eine Art schwarzes Loch. Sie ist der Fluchtpunkt allen Denkens, das ins Äußerste reicht. Dorthin, wo der Sinn sich als Nichtsinn erweist, als Kontingenz. Die Geschichte des Denkens ist Registratur des Sinnverlusts und der vergeblichen Anstrengungen, ihn zu verheimlichen, indem man ihn mit Substituten verdeckt. Ein Minimum an Distanz hilft, den Kontakt mit der Wahrheitssonne – wenn auch mit »geröteten Augen«, die, wie Rancière meint, Effekt des »Bezugs auf etwas zu Starkes, Unerträgliches« (Jacques Rancière, *Ist Kunst widerständig?*, Berlin 2008, S. 30) sind – zu überstehen. Leben heißt Überleben dessen, was von einem Besitz ergriffen hat. Das Zurückweichen ist Produkt einer Blendung, die zur Erblindung führen kann. In ihm drückt sich Berührung durchs Unberührbare aus, der Hyperbolismus heliotropischer Existenz. Mit Kafka lässt sich Kunst als Geblendet-Sein definieren. Das Kunstwerk ist Spur einer Wahrheit, die es auf Distanz hält, um sie fratzenhaft zu dokumentieren.

101 Gilles Deleuze, *Nietzsche. Ein Lesebuch von Gilles Deleuze*, Berlin 1979, S. 20.

102 Immanuel Kant, *Kritik der reinen Vernunft*, A VII, Hamburg 1952, S. 5.

103 Roland Barthes, »Die Krise der Begierde«, in: ders., *Die Körnung der Stimme. Interviews 1962–1980*, a. a. O., S. 393.

104 Jacques Derrida, *Die Schrift und die Differenz*, Frankfurt a. M. 1972, S. 227.

105 Ebd., S. 178.

106 Deleuze spricht von der »monströsen Vorliebe« (Gilles Deleuze, *Kritik und Klinik*, a. a. O., S. 108) der nichtbeliebigen Liebe. Eines seiner Beispiele ist Penthesileas kannibalischer Hunger auf Achill. Ihre Gewalt, Monstrosität und Entschiedenheit erschreckt. Wer zwischen Beliebigkeit und Vorliebe schwankt, wird nichts von der penthesileischen Liebe verstehen. Analog zum antigoneischen ist das penthesileische Subjekt eines monströser Entschiedenheit. Seine Angstlosigkeit macht Angst. Adorno schreibt: »Vielleicht ist es die Angst um die Liebe selber, die Liebende oftmals verblendet, daß sie nicht merken, was geschieht, oder die sie zwingt, bei einer vagen und allgemeinen Vorstellung von Untreue sich zu bescheiden« (Theodor W. Adorno, »An Stelle eines Tagebuches«, in: ders., *Vermischte Schriften II*, GS 20.2, Frankfurt a. M. 1986, S. 545).

107 Martin Heidegger, *Kant und das Problem der Metaphysik*, Frankfurt a. M. 1973 (4. Aufl.), S. XVII f.

108 Zur Bedeutung des *Waltens* und der *Gewalt* in Heideggers Schriften: Jacques Derrida, »Heideggers Ohr. Philopolemologie (*Geschlecht* IV)«, in: ders., *Politik der Freundschaft*, Frankfurt a. M. 2002, S. 411–492.

109 Martin Heidegger, *Kant und das Problem der Metaphysik*, a. a. O., S. XVII.

110 Franz, Kafka, *Briefe an Milena*, a. a. O., S. 240 (31. August 1920).

111 Elias Canetti und Marie Louise von Motesiczky, *Liebhaber ohne Adresse. Briefwechsel 1942–1992*, Frankfurt a. M. 2014, S. 183 (März 1956). Dass die Liebe, aufgrund ihrer unvermeidlichen Maßlosigkeit, zum Lachen reizt, weiß jedes Kind. Ihre »Intimität« und »Wichtigkeit« und Schutzlosigkeit rufen Gelächter und Verlegenheit hervor. Vgl. Jean-Luc Nancy, *Gott, Gerechtigkeit, Liebe, Schönheit. Vier kleine Vorträge*, hrsg. von Wilfried Dickhoff, Berlin 2020, S. 92.

112 Roland Barthes, *Das Neutrum. Vorlesung am Collège de France 1977–1978*, Frankfurt a. M. 2005, S. 109.

113 Peter Handke, *Das Gewicht der Welt. Ein Journal (November 1975 – März 1977)*, Frankfurt a. M. 1979, S. 108.

114 Jacques Rancière, *Moderne Zeiten*, Wien 2018, S. 12. (Übersetzung modifiziert.)

115 Gilles Deleuze und Félix Guattari, *Was ist Philosophie?*, Frankfurt a. M. 2000, S. 248.

116 Michel Leiris, *Das Band am Hals der Olympia*, Frankfurt a. M. 1983, S. 75.

117 Theodor W. Adorno, *Impromptus*, Frankfurt a. M. 1968, S. 8. Vgl. ders., »Theorie der Halbbildung«, in: ders., *Soziologische Schriften I*, GS 8, Frankfurt am Main 1972, S. 196.

118 Walter Schulz, *Philosophie in der veränderten Welt*, Pfullingen 1972, S. 650.

119 Cesare Pavese, *Das Handwerk des Lebens. Tagebuch 1935–1950*, a. a. O., S. 54 (Übersetzung leicht modifiziert).

120 Franz Kafka, *Tagebücher 1910–1923*, Frankfurt a. M. 1995, S. 341.

121 Robert Walser, *Der Spaziergang*, Frankfurt a. M. 1985, S. 28 (Zitat grammatikalisch modifiziert).

122 Ebd., S. 28 f.

123 Ebd., S. 29.

124 Ebd., S. 30.

125 Michel Foucault, »Der utopische Körper«, in: ders., *Die Heterotopien / Der utopische Körper*, Frankfurt a. M. 2005, S. 25.

126 Ebd., S. 27.

127 Ebd., S. 28.

128 Ebd., S. 29.

129 Elias Canetti, *Prozesse. Über Franz Kafka*, a. a. O., S. 151.

130 Wie soll man den Sex ohne das Nichts denken, das er (re)produziert, indem er es affirmiert, während er an seine Stelle tritt? Hier kreuzen sich Heidegger und Lacan. Heidegger sagt: Der Mensch (das Dasein) sei Platzhalter des Nichts. In Lacans psychoanalytischer Ontologie kann es irgendein Substitut sein, das die Stelle des toten Gottes einnimmt, den das Reale indiziert. *Gott ist tot* – heißt: Die Libido hat (ihn) überlebt!

131 Vgl. Martin Heidegger, *Gelassenheit*, Pfullingen 1959, S. 32.

132 In: Alain Badiou und Jean-Luc Nancy, *Deutsche Philosophie. Ein Dialog*, Berlin 2017, S. 24. Vgl. Jean-Luc Nancy, *Philosophische Chroniken*, a. a. O., S. 7 ff.

133 Michel Foucault, »Nein, zum König Sex. Gespräch mit Bernard-Henri Lévy«, in: ders., *Dispositive der Macht. Über Sexualität, Wissen und Wahrheit*, Berlin 1978, S. 176.

134 Sigmund Freud, »Das Unheimliche«, in: ders., *Gesammelte Werke in achtzehn Bänden mit einem*

Nachtragsband, Band XII: Werke aus den Jahren 1917–1920, Frankfurt a. M. 2006 (7. Aufl.), sowie Stanley Cavell, *Die Unheimlichkeit des Gewöhnlichen und andere Essays*, Frankfurt a. M. 2002.

135 Im okzidentalen Denktheater ist *Identität* nicht eine Figur unter anderen. Auf der Bühne der abendländischen Philosophie nimmt die Kategorie der Identität eine, wenn nicht *die*, Hauptrolle ein. Seit seinen Anfängen kreist dieses Denken um große – eigentlich übergroße – Motive, die es zu identifizieren (ver)sucht. Identifikation heißt hier Feststellung, Inbesitznahme, Fixation. Indem es sie zu Gegenständen einer Vergegenständlichung erhebt, zu Objekten einer Objektivierung, die ihren Ausgang vom Subjekt und seiner Subjektivität nimmt, bewegt sich die Denken genannte Operation niemals unschuldig, nie gewaltlos, auf ihre Gegenstände zu. Heidegger wirft dies nicht nur der neuzeitlichen Philosophie vor: Schon das Denken der Griechen trägt für ihn Züge kolonisatorischer Gewalt. In der Neuzeit – vereinfacht: seit Descartes – verschärft sich diese Gewalt zum *vorstellenden Denken*. Nun ist Denken identisch mit Identifizierung und Vergegenständlichung. Mit Adorno lässt sich sagen, dass Denken identifizierendes Denken ist und in diesem Sinne Ontologie. Das Unbegriffliche wird in Begriffskäfige gesperrt. Es wird terminologisch domestiziert.

136 Michel Foucault, »Nein, zum König Sex. Gespräch mit Bernard-Henri Lévy«, in: ders., *Dispositive der Macht. Über Sexualität, Wissen und Wahrheit*, a. a. O., S. 186 f.

137 Ernst Bloch, *Das Prinzip Hoffnung*, Dritter Band, Frankfurt a. M. 1980, S. 1498.

138 Louis Althusser, *Freud und Lacan*, Berlin 1970.

139 Giorgio Agamben, *Das Abenteuer / Der Freund*, Berlin 2018, S. 76.

140 Gilles Deleuze und Félix Guattari, *Tausend Plateaus*, Berlin 1992, S. 13.

141 Ebd.

142 Jean-Luc Nancy, *Identität. Fragmente, Freimütigkeiten*, Wien 2010, S. 16.

143 Edgar Morin, »Liebe als Erklärung, Verblendung, Verwunderung«, in: Dietmar Kamper und Christoph Wulf (Hrsg.), *Das Schicksal der Liebe*, Weinheim / Berlin 1988, S. 243.

144 Franz Kafka, *Reisetagebücher in der Fassung der Handschrift*, a. a. O., S. 83.

145 Roland Barthes, *Die Körnung der Stimme. Interviews 1962–1980*, a. a. O., S. 241.

146 Durs Grünbein, *Aus der Traum (Kartei). Aufsätze und Notate*, Berlin 2019, S. 97.

147 *The Rolling Stone*, 4. Oktober 1979.

148 »Ich glaube, um ganz Mensch zu sein, sich denkende Natur, muss man mit dem ganzen Körper denken – wodurch ein volltönender Gedanke entsteht, im Einklang wie die Saiten einer Geige, die unmittelbar mit ihrem hohlen Holzkasten zusammen schwingt. Die Gedanken, die allein dem Gehirn entspringen […], wirken […] wie Melodien, die man auf dem hohen Teil der Chanterelle spielt, deren Klang sich nicht im Kasten stärkt, – die vorbeigehen, vergehen, ohne sich zu *erschaffen*, ohne Spuren zu hinterlassen.« (Stéphane Mallarmé an Eugène Lefébure, Brief vom 27. Mai 1867, in Stéphane Mallarmé, *Correspondance 1854–1898*. Edition établie, présentée et annotée par Bertrand Marchal, Paris 2019, S. 191.)

149 Durs Grünbein, *Aus der Traum (Kartei). Aufsätze und Notate*, a. a. O., S. 97.

150 Franz Kafka, *Tagebücher 1910–1923*, Frankfurt a. M. 1983, S. 291.

151 Georges Bataille, *Hegel, der Mensch und die Geschichte*, Berlin 2018, S. 61.

152 Ebd.

153 Alain Badiou, *Kleines tragbares Pantheon*, Berlin 2011, S. 105.

154 Roland Barthes, »Die Krise der Begierde«, in: ders., *Die Körnung der Stimme. Interviews 1962–1980*, a. a. O., S. 275 (Übersetzung modifiziert).

155 Friedrich Kittler, *Unsterbliche. Nachrufe, Erinnerungen, Geistergespräche*, München 2004, S. 124.

156 Martin Heidegger, *Hegels Phänomenologie des Geistes*, GA 32, Frankfurt a. M. 1988 (2. Aufl.), S. 49 f.

157 Alain Badiou und Jean-Luc Nancy, *Deutsche Philosophie. Ein Dialog*, a. a. O., S. 37.

158 Heiner Müller, *Krieg ohne Schlacht. Eine Autobiographie*, Werke 9, Frankfurt a. M. 2005, S. 82.

159 Philippe Lacoue-Labarthe, in: Jacques Derrida, Hans-Georg Gadamer, Philippe Lacoue-Labarthe, *Heidegger. Philosophische und politische Tragweite seines Denkens. Das Kolloquium in Heidelberg*, Wien 2016, S. 92.

160 Theodor W. Adorno, *Beethoven. Philosophie der Musik. Fragmente und Texte*, Frankfurt a. M. 2004, S. 115.

161 Carl Seelig, *Wanderungen mit Robert Walser*, Frankfurt a. M. 1977, S. 161.

162 Michel Foucault, *Die Sorge um sich. Sexualität und Wahrheit 3*, Frankfurt a. M. 1989, S. 292.

163 Denken heißt, die Illusion der Reinheit zugunsten einer Unreinheit aufzugeben, die die »eigentliche« Reinheit wäre, die einzige, die existiert, da sie mit der Unmöglichkeit von Reinheit (mit der Bestreitung des christlichen Virginitätsfantasmas, das die

gesamte okzidentale Ideen- und Kunstgeschichte durchzieht) koinzidiert. Es geht um eine Denkbewegung, die sich im Verfänglichen verfängt. Man muss verfänglich sein, befangen etc., um das infinitesimale Quantum möglicher/denkbarer Integrität nicht apriorisch zu annullieren.

164 Roland Barthes, *Die Körnung der Stimme. Interviews 1962–1980*, a. a. O., S. 160.

165 Ebd.

166 Gilles Deleuze, *Francis Bacon. Logik der Sensation*, München 1995, S. 76.

167 Nancy spricht vom »Atheismusvektor«, der das Christentum, »ebenso wie das Judentum oder gar den Islam und selbstverständlich den Buddhismus«, durchziehe. Siehe Jean-Luc Nancy, *Die Anbetung. Dekonstruktion des Christentums 2*, Zürich 2012, S. 47. Vgl. ders., *Dekonstruktion des Christentums*, Zürich / Berlin 2008.

168 Franz Kafka, *Reisetagebücher in der Fassung der Handschrift*, a. a. O., S. 60.

169 Heiner Müller, *Rotwelsch*, a. a. O., S. 80.

170 Roland Barthes, *Die Körnung der Stimme. Interviews 1962–1980*, a. a. O., S. 15.

171 Cesare Pavese, *Schriften zur Literatur. Die Entdeckung Amerikas. Literatur und Gesellschaft. Der Mythos*, Hamburg / Düsseldorf 1967, S. 251.

172 Das »Reale«, sagt Nancy, »ist ein harter Kern, weil es nicht gegeben ist, weil sein Kern-sein darin besteht, endlos zurückzuweichen«. Siehe Jean-Luc Nancy, *Das nackte Denken*, Zürich / Berlin 2014, S. 76.

173 Alain Badiou, *Das Endliche und das Unendliche*, Wien 2012, S. 17.

174 Jacques Lacan, *Die Psychosen*, Das Seminar Buch III (1955–1956), Berlin / Weinheim 1997, S. 239.

175 Bündigste Definition der Psychose: Sie ist Öffnung auf ein Loch, das sich als Verschluss erweist. Die Wüste der Freiheit wird als Nichts erfahren. Sämtliche Beständigkeiten gehen verloren. Man darf nicht vergessen, dass Lacan wesentliche Impulse Sartre verdankt. Zu Sartre und Lacan: Andreas Cremonini, *Die Durchquerung des Cogito. Lacan contra Sartre*, München 2003.

176 Vgl. Marcus Steinweg, *Inkonsistenzen*, Berlin 2015.

177 Paul Valéry, *Windstriche*, Aufzeichnungen und Aphorismen, ausgewählt und übertragen von Bernhard Böschenstein, Hans Staub, Peter Szondi, Frankfurt a. M. 1971, S. 28.

178 Ebd.

179 Theodor W. Adorno, *Philosophische Terminologie*, Bd. 2, Frankfurt a. M. 1974, S. 7.

180 Adorno hielt von der Kulturindustrie nicht viel, meint man. Stimmt das? Er hielt genug von ihr, um ihre Wirkungsmächtigkeit nicht zu verkennen. Dennoch dieser Satz: »die Menschen sind immer noch besser als ihre Kultur [...]« (Theodor W. Adorno, *Minima Moralia*, Frankfurt a. M. 1951, S. 50 f.). Die Assertion beweist, was unbewiesen bleibt. Durch sie drückt sich keine Tatsache aus. Der Satz stimmt, weil er auf Wahrheit statt auf Fakten zielt. Adorno gelingt, was als Minimalanspruch jedes Denkens gelten kann: den Fakten zu widersprechen, ohne an ihnen vorbeizusehen. Was ist Philosophie, wenn nicht Resistenz gegenüber der Autorität des Bestehenden bei simultanter Insistenz auf dessen Unhintergehbarkeit?

181 Alain Badiou und Jean-Luc Nancy, *Deutsche Philosophie. Ein Dialog*, a. a. O., S. 51.

182 Maßlos am Denken ist seine Genauigkeit. Seine

Exzesse sind solche der Präzision. Nicht der Akkuratesse, nicht des Detaillismus, nicht der Pedanterie. Denken impliziert Selbstbeschleunigung über alle guten Gründe hinaus. Denken heißt, mit äußerster Gewissenhaftigkeit durchzudrehen.

183 Jacques Derrida, »In memoriam: über die Seele [Paul de Man (1919–1983)]«, in: ders., *Jedes Mal einzigartig, das Ende der Welt*, Wien 2007, S. 104.

184 Erinnern wir daran, dass Badiou in Bezug auf Nancy von der »sanften Beharrlichkeit« von dessen Denken und Schreiben spricht. Siehe Alain Badiou, »Jean-Luc Nancy: Die Darbringung mit Vorbehalt«, in: ders., *Das Abenteuer der französischen Philosophie seit den 1960ern*, Wien 2015, S. 170.

185 Jacques Derrida, »Kraft und Bedeutung«, in: ders., *Die Schrift und die Differenz*, Frankfurt a. M. 1972, S. 9.

186 Michel Foucault, »Einleitung«, in: Ludwig Binswanger, *Traum und Existenz*, Bern / Berlin 1992, S. 63.

187 Gershom Scholem, *Walter Benjamin – die Geschichte einer Freundschaft*, Berlin 2016, S. 44 f.

188 Franz Kafka, »Auf dem Dachboden«, in: ders., *Nachgelassene Schriften und Fragmente I*, hg. v. Malcolm Pasley, in Franz Kafka, *Schriften, Tagebücher, Briefe*, Kritische Ausgabe, hg. v. Jürgen Born / Gerhard Neumann / Malcolm Pasley / Jost Schillermeit, Frankfurt a. M. 1993, Bd. 1, S. 272 f.

189 Jean-Luc Nancy, *Die Liebe, übermorgen*, Köln 2010, S. 32; vgl. ders., *Die Anbetung. Dekonstruktion des Christentums 2*, a. a. O., S. 94.

190 Marguerite Duras, *Hiroshima mon amour*, Frankfurt a. M. 1973, S. 29.

191 Ludwig Wittgenstein, *Vermischte Bemerkungen*, a. a. O., S. 147.

192 Ebd., S. 50.

193 Elias Canetti, *Die Fackel im Ohr. Lebensgeschichte 1921–1931*, Frankfurt a. M. 1982, S. 203.

194 Analog dazu lässt sich Blanchots Bemerkung zur Differenz von Erzählung (Traum) und Denken (Bedeutung) bei Kafka verstehen: »Die Erzählung ist das Denken, als eine nicht zu rechtfertigende, unverständliche Folge von Ereignissen, und die durch die Erzählung geisternde Bedeutung ist dasselbe Denken, das sich durch das Unverständliche hindurch als gewöhnliches Verständnis fortsetzt und es umstößt.« In: Maurice Blanchot, *Von Kafka zu Kafka*, Frankfurt a. M. 1993, S. 57.

195 Roland Barthes, *Die Lust am Text*, Frankfurt a. M. 1974, S. 47.

196 Ossip Mandelstam, »Die Rückkehr«, in: ders., *Das Rauschen der Zeit. Gesammelte »autobiographische« Prosa der 20er Jahre*, Frankfurt a. M. 1989, S. 146.

197 Cesare Pavese, *Das Handwerk des Lebens. Tagebuch 1935–1950*, München 1963, S. 43.

198 Ebd., S. 41.

199 Marc Augé, *Tagebuch eines Odbachlosen*, München 2012, S. 9.

200 Vgl. Sigmund Freud, »Trauer und Melancholie«, in: ders., *Gesammelte Werke in achtzehn Bänden mit einem Nachtragsband, Band VIII: Werke aus den Jahren 1909–1913*, Frankfurt a. M. 1996 (9. Aufl.).

201 Roland Barthes, *Tagebuch der Trauer*, München 2010, S. 183.

202 Ebd., S. 185.

203 Mehdi Belhaj Kacem, *Artaud und die Theorie des Komplotts*, Berlin 2017, S. 11.

204 Gilles Deleuze, *Proust und die Zeichen*, Berlin 1993, S. 16.

205 Theodor W. Adorno, »Zur Kritik der Musikkritik«,

in: ders., *Vermischte Schriften II, Gesammelte Schriften 20.2*, Frankfurt a. M. 1986, S. 748.

206 Martin Heidegger, »Die Sprache«, in: ders., *Unterwegs zur Sprache*, Pfullingen 1959, S. 24 ff.

207 Martin Heidegger, *Vier Seminare*, Frankfurt a. M. 1977; ders., *Hegel*, GA 68, Frankfurt a. M. 2009.

208 Giorgio Agamben, *Profanierungen*, Frankfurt a. M. 2005, S. 35.

209 Roland Barthes, *Die Körnung der Stimme. Interviews 1962–1980*, a. a. O., S. 239.

210 Ebd., vgl. weiterhin: Thomas Bedorf und Kurt Röttgers (Hrsg.), *Das Politische und die Politik*, Berlin 2010, sowie: Oliver Marchart, *Die politische Differenz: Zum Denken des Politischen bei Nancy, Lefort, Badiou, Laclau und Agamben*, Berlin 2010.

211 Gibt es Verführer, die nicht Verführte sind? Verführter Verführer oder verführte Verführerin sind alle, die sich auf Liebesspiele einlassen, die ihre Konsistenzen bröckeln lassen, um sich Evidenzen zu öffnen, die Versprechen des Unmöglichen sind. Wer sich im Möglichkeitsspiel verliert, riskiert nichts oder riskiert nur, sich zu wiederholen. Erst die Affirmation des Unmöglichen, die Insistenz auf seiner Notwendigkeit, treibt das Subjekt aus sich heraus. Dorthin, wo es sich nicht wiedererkennt, im Anderen, der es dazu bringt, sich zu verlassen, um näher bei sich zu sein. Verführtwerden könnte heißen, von sich abzusehen, um im Akt einer an Verrücktheit grenzenden Abstraktion seine Existenz zu präzisieren.

212 Paul Celan, *Der Meridian*, Rede anlässlich der Verleihung des Georg-Büchner-Preises, 22. Oktober 1960, in: GW III, Frankfurt a. M. 1986, S. 200.

213 Peter Handke, »Zu Franz Kafka«, in: ders., *Meine Ortstafeln / Meine Zeittafeln 1967–2007*, Frankfurt a. M. 2007, S. 123 f.

214 Marcus Steinweg, *Philosophie der Überstürzung*, Berlin 2013.

215 Maurice Blanchot, *Das Todesurteil*, Frankfurt a. M. 1990, S. 55.

216 Ebd., S. 26.

217 Ebd., S. 57.

218 Marguerite Duras, *Die Verzückung der Lol V. Stein*, Frankfurt a. M. 1966, S. 24.

219 Jean-Luc Nancy, *Das nackte Denken*, a. a. O., S. 219.

220 Giorgio Agamben, *Stanzen. Das Wort und das Phantasma in der abendländischen Kultur*, Zürich / Berlin 2005, S. 51.

221 Robert Walser, *Poetenleben*, Zürich / Frankfurt a. M. 1986, S. 50.

222 Baruch de Spinoza, *Die Ethik nach geometrischer Methode dargestellt*, Hamburg 1989, S. 160.

223 Jacques Derrida, *Gesetzeskraft. Der »mystische Grund der Autorität«*, Frankfurt a. M. 1991, S. 105.

224 Als ginge es um eine neue Universalität »der Leere«, notiert Handke am 17. Juni 1975 in sein Tagebuch: »Weil ich nichts Bestimmtes bin, kann ich über mich hinausgehen« (Peter Handke, *Das Gewicht der Welt. Ein Journal*, a. a. O., S. 164). Die Metaphysik der Leere erweist sich als eine, die sämtliche Bestimmtheiten überfliegt. Sie hat nichts mit autoritärem Universalismus zu tun, der seine Determinierung durch identitäre Partikularismen verbirgt. Als Universalität der Selbsttranszendenz entzieht sie dem Partikularismus seine Autorität, um einer Unbestimmtheit = Leere Raum zu geben, die mit Freiheit, Gleichheit und Gerechtigkeit koinzidiert.

225 Carl Seelig, *Wanderungen mit Robert Walser*, a. a. O., S. 99.

226 Ebd.

227 Die Heimsuchung muss kein religiöses Geschehen darstellen. Sie betrifft alle Zustände, die man Ereignisse nennt: Kontingenzeffekte, die das Subjekt sich entgleiten lassen, um es vor eine Wahrheit zu führen, die in der Abwesenheit von Wahrheit liegt, in der befremdlichen, bestürzenden oder erheiternden Leere, die Bedingung der Möglichkeit von Kunst, Philosophie, Wissenschaft und Liebe ist.

228 Der strukturalistische und poststrukturalistische »Aufstand gegen die traditionelle Konzeption des Subjekts« hat, Badiou gemäß, gleichermaßen in Althussers »theoretischem Antihumanismus« wie in Foucaults »Tod des Menschen« und Derridas an Heidegger orientierter (metaphysikkritischen) Subjektdekonstruktion Ausdruck gefunden. Es wären weitere – medientheoretische und kulturphilosophische – Ansätze zu nennen. Siehe Alain Badiou und Élisabeth Roudinesco, *Jacques Lacan. Gestern, Heute, Dialog*, Wien / Berlin 2013, S. 21 f.

229 Alain Badiou und Jean-Luc Nancy, *Deutsche Philosophie. Ein Dialog*, a. a. O., S. 36.

230 Roland Barthes, *Tagebuch der Trauer*, a. a. O., S. 262.

231 Jacques Derrida, *Was tun – mit der Frage »Was tun«?*, Wien / Berlin 2018, S. 14.

232 Johann Wolfgang Goethe, *Maximen und Reflexionen*, Frankfurt a. M. 1976, S. 158.

233 Elias Canetti, *Prozesse. Über Franz Kafka*, München 2019, S. 146.

234 Franz Kafka, »Kleider«, in: ders., *Die Erzählungen und andere ausgewählte Prosa*, Frankfurt a. M. 2002, S. 10.

235 Zu Heideggers Deutung dieses Satzes siehe Martin Heidegger, »Der Satz der Identität«, in: ders., *Identität und Differenz*, Pfullingen 1957.

236 Vgl. Marcus Steinweg, »Infinitesimalphilosophie«,

in: ders., *Philosophie der Überstürzung*, a. a. O., S. 76–79.

237 Elias Canetti, *Über Tiere*, München 2002, S. 39.

238 Peter Handke, »›Bücherecke‹ vom 21.12.1964«, in: ders., *Tage und Werke. Begleitschreiben*, Berlin 2015, S. 197.

239 Franz Kafka, *Drittes Oktavheft* (10.01.1918), in: ders., *Sämtliche Werke*, Frankfurt a. M. 2008, S. 1378.

240 Jacques Derrida, *Glas*, München 2006, S. 272.

241 Roland Barthes, *Die Lust am Text*, a. a. O., S. 15.

242 Ludwig Wittgenstein, *Denkbewegungen. Tagebücher 1930–1932 / 1936–1937*, Teil 1: Normalisierte Fassung, hrsg. von Ilse Somavilla, Innsbruck 1997, S. 28.

Erste Auflage Berlin 2020
Copyright © 2020
MSB Matthes & Seitz Berlin Verlagsgesellschaft mbH
Göhrener Str. 7 | 10437 Berlin
info@matthes-seitz-berlin.de
Alle Rechte vorbehalten.
Satz: psb, Berlin
Druck und Bindung: Art Druk, Szczecin
Umschlaggestaltung nach einer Idee
von Pierre Faucheux
ISBN 978-3-95757-806-8
www.matthes-seitz-berlin.de

Marcus Steinweg in der Reihe
Fröhliche Wissenschaft

Marcus Steinweg
Proflexionen
192 Seiten
978-3-95757-636-1

Marcus Steinweg
Subjekt und Wahrheit
240 Seiten
978-3-95757-478-7

Marcus Steinweg
Splitter
205 Seiten
978-3-95757-343-8

Marcus Steinweg
Inkonsistenzen
156 Seiten
978-3-95757-034-5

Marcus Steinweg
Evidenzterror
189 Seiten
978-3-95757-157-1

Marcus Steinweg, Frank Witzel
Humor und Gnade
277 Seiten
978-3-95757-724-5

Philosophie in der Reihe
Fröhliche Wissenschaft

Giorgio Agamben
Das Abenteuer. Der Freund
96 Seiten
978-3-95757-340-7

Michail M. Bachtin
Zur Philosophie der Handlung
190 Seiten
978-3-88221-542-7

Jean-Pierre Baudet
Opfern ohne Ende
333 Seiten
978-3-88221-604-2

Jean Baudrillard
Das radikale Denken
64 Seiten
978-3-88221-042-2

Judith N. Shklar
Über Hannah Arendt
120 Seiten
978-3-95757-797-9

Peter Trawny
Irrnisfuge
89 Seiten
978-3-95757-032-1